ELES AND VICINITY STREET INDEX
INFORMATION

7.3.22

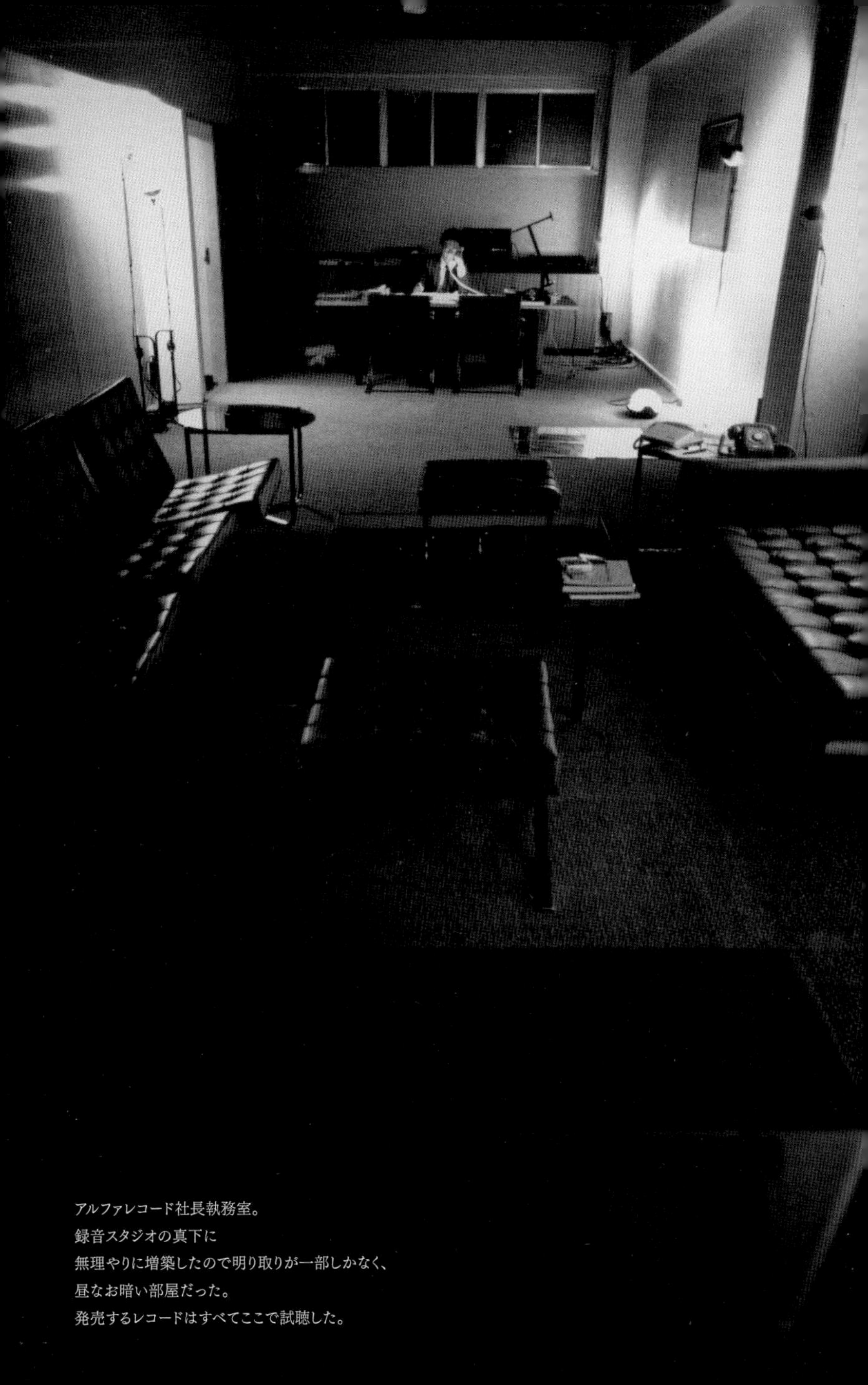

アルファレコード社長執務室。
録音スタジオの真下に
無理やりに増築したので明り取りが一部しかなく、
昼なお暗い部屋だった。
発売するレコードはすべてここで試聴した。

1980年12月、YMOの第2回ワールド・ツアー
「FROM TOKIO TO TOKYO」のファイナルとなる武道館公演の楽屋にて。
左から高橋幸宏、細野晴臣、著者、坂本龍一。

上｜レスター・シル（中央）と。アルファ・アメリカ発足パーティにて。
下｜レコード店のために開いたコンベンションでスピーチする
梁瀬次郎アルファレコード会長（ヤナセ社長）と著者。

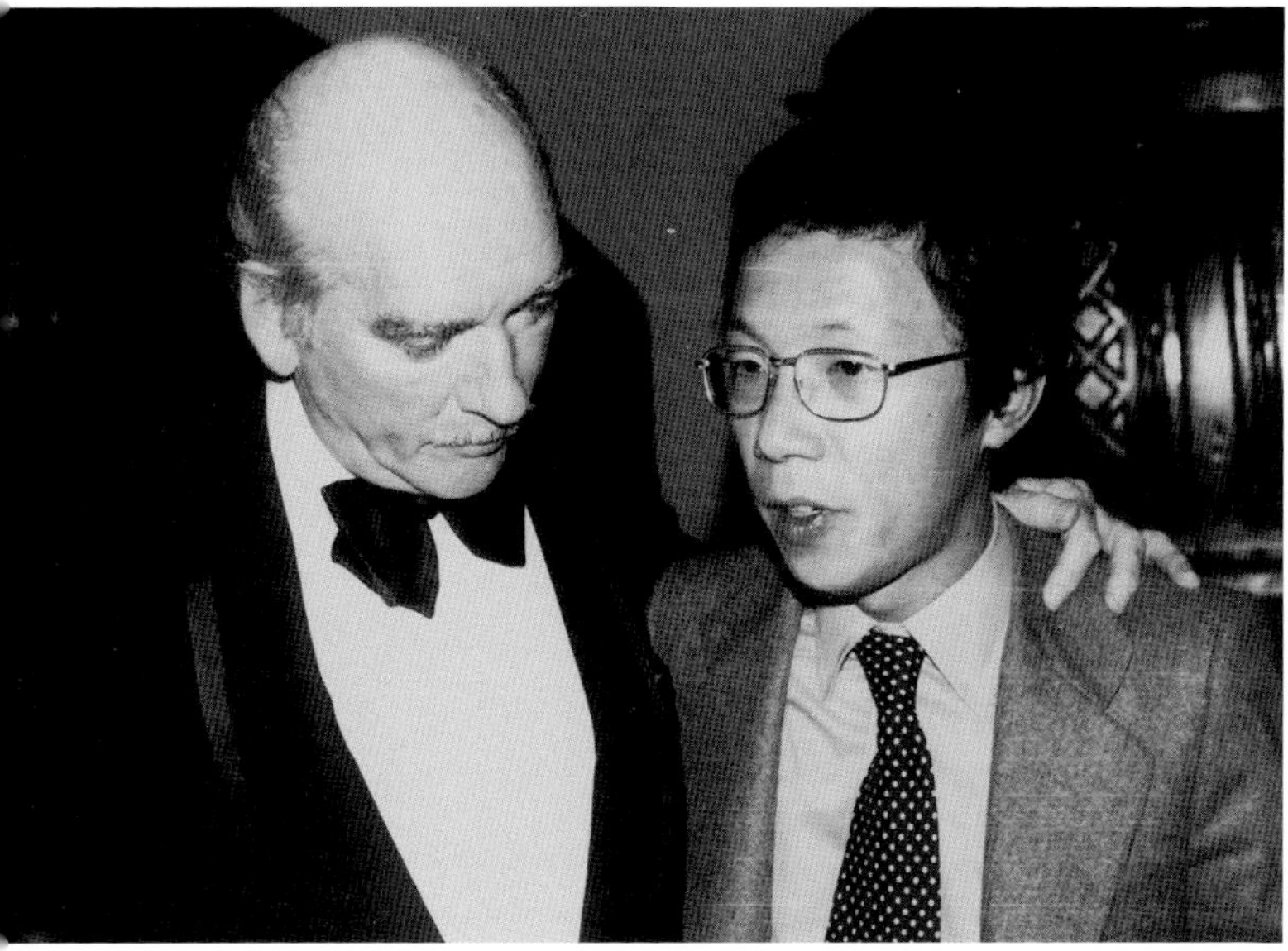

上｜アルファレコードのスタジオA調整室でエンジニアの吉沢典夫と。
下｜フランスのバークレイ・レコード社長の
エディ・バークレイと。1971年頃。

上｜スタジオAにて、カシオペアの面々と。奥左から櫻井哲夫、野呂一生、向谷実、神保彰。手前が著者。
下｜A&Mレコードの創業者で会長のジェリー・モスと桂離宮にて。

上｜アトランティック・レコード創業者で会長のアーメット・アーティガンとLAの自宅で。2002年。撮影：村井弥生
下｜ノース・ハリウッドのシュネイ・スタジオにて。左からハービー・メイソン、
陰になっているのはピアニストのランディ・カーバー、ピアノを弾いているのはデイヴ・グルーシン、
著者、エンジニアのアル・シュミット。曲は「スプリングタイム・メモリー」。

フランスを代表する作曲家、ミシェル・ルグランと。
パリ16区のヴィラ・モリトールにあった
ミシェルの自宅にて。

上｜作詞家で盟友の山上路夫と軽井沢にて。96年。撮影：村井弥生
下｜左からプロデューサーのルー・アドラー、弁護士のエイブ・ソマー、著者。撮影：村井弥生

上｜左から、ニューポート・ジャズ・フェスティバルの主催者、ジョージ・ウェイン、
プロデューサーのトミー・リピューマ、著者。撮影：村井弥生
2005年頃、マンハッタンのイタリアン・レストランにて。
下｜左から著者、劇団スタジオライフの代表、河内喜一朗、同演出家の倉田淳。2013年5月。撮影：村井弥生

上｜2013年7月、モンテシト国際音楽祭で『カリオストロ伯爵夫人』のピアノ・トリオ版が初演された。
左から、エマニュエル・ボロック、岩崎洸、岩崎百理枝。撮影：村井邦彦
下｜2014年5月14日、銀座ヤマハホールのコンサートにて。
ステージ左から著者、クリスチャン・ジャコブ、川久保賜紀。

上｜2015年9月、『ALFA MUSIC LIVE』のステージより。テーマ曲「We Believe in Music」を歌い終えた小坂忠、Asiah親子と。撮影：三浦憲治　写真提供：ニッポン放送／ホットスタッフ・プロモーション

下｜『ALFA MUSIC LIVE』の最後に「美しい星」を弾き語る著者。
撮影：三浦憲治　写真提供：ニッポン放送／ホットスタッフ・プロモーション

上｜『ALFA MUSIC LIVE』のカーテンコールで細野晴臣と。左端は加橋かつみ、右手前は高橋幸宏、その陰に鮎川誠。撮影：三浦憲治　写真提供：ニッポン放送／ホットスタッフ・プロモーション

下｜『ALFA MUSIC LIVE』の打ち上げにて。

出演者全員の寄せ書きを集めたポスターを松任谷由実から手渡される。撮影：ヒロ・ムライ

上｜2017年12月、『LA meets TOKYO』で「Art of Music-50周年おめでとう」を歌う吉田美奈子。
ピアノはクリスチャン・ジャコブ。左が著者。撮影：齋藤大輔
下｜『LA meets TOKYO』のゲネプロで
ホルへ・カランドレリ（編曲・指揮）と著者。撮影：齋藤大輔

上｜2018年3月、渡辺晋賞授賞式にて。渡辺プロダクショングループ代表の渡邊美佐と著者。

写真提供：渡辺音楽文化フォーラム
下｜2018年3月、ワシントンDCのナショナル・ギャラリーにて。演奏会後の記念撮影。

演奏会では「Sakura on the Potomac」と「カリオストロ伯爵夫人」のピアノ・トリオ版を演奏した。

左から木島真優（バイオリン）、上野隆司（プロデューサー）、クランシー・ニューマン（チェロ）、著者、クリスチャン・ジャコブ（編曲）、メン・ワン（ビオラ）。撮影：村井弥生

村井邦彦のLA日記

An LA Diary by Kunihiko Murai

Rittor Music

まえがき

旅行者として四半世紀、移住して四半世紀、合計半世紀にわたってアメリカ西海岸の都市、ロサンゼルス（LA）を見てきた。その間にLAは大きく変わった。その変化はすべて新しいテクノロジー、人口増加、リベラルな価値観がもたらしたものだ。

目に見えて変わったのは電車とビルと空だった。

あまりにも交通渋滞がひどいので、昔あった電車が復活した。地下鉄はダウンタウンからハリウッドまで通じ、なお工事が続いている。高架のエクスポラインに乗ればダウンタウンからサンタモニカまで行けるようになった。

LA盆地は平らな土地で、かつてはダウンタウンとセンチュリーシティーに高層ビルがちょっとあっただけだった。しかし、人口の増加に伴って建物は空中に伸びるしかなくなった。今やLA盆地はビルの建設ラッシュだ。

1970年代初めのLAの空はしばしばスモッグで黄色くなっていたが、マスキー法（大気浄化法改正法）ができて自動車の排ガスに大幅な規制がかかり、空が青くなった。さらに最近は地球温暖化対策としてテスラを始めとした電気自動車が普及傾向にある。将来、空はもっと青くなるかもしれない。

リベラルな価値観がもたらした変化といえば、人種、性別、LGBTなどによる差別をなくす学校教育が行われるようになったことだ。今ではセクシュアルハラスメントは事件としてマスコミに大きく取り上げられ、厳しく批判されている。

LAのあるカリフォルニア州が娯楽用大麻（マリファナ）の販売を解禁し、医師の処方箋なしで誰でも買えるようになった。これはごく最近のことなので、社会にどんな影響が出てくるかはまだわからない。

身近なところの大変化としては、僕の属していた旧音楽産業が壊滅してストリーミングを中心としたまったく新しいタイプの音楽事業が動き出したことが挙げられる。

LPやCDが何百万枚も売れて大きな利益が出た時代があった。あの音楽産業のアンシャンレジームの甘美な日常は過去の物語となった。例えば、予算に事実上限度がないレコード制作、たっぷりとした宣伝予算やツアー・サポート、接待のための豪華なレストランでの高価なワイン付きの食事などだ。アーティストや重役たちは自家用飛行機やファーストクラスに乗って世界を旅して一流ホテルに泊まり、ホテルには24時間運転手が待機していた。

そんな変化のなかでも音楽を作る僕の情熱は変わらなかった。CDが売れない時代であるなら、ライブで自分の作った音楽を伝えようと試行錯誤していた時期に書いたのが、本書に掲載した文章だ。『月刊てりとりぃ』という同人誌に「LAについて」という題で寄稿していたのだが、長い連載の間に内容は日記のように変貌していった。

LAの暮らし、音楽家との付き合いなどのほか、ライブのことをずいぶん書いている。この期間に僕はライブに目覚め、南青山MANDALAという東京の小さなクラブから始まって、銀座ヤマハホールの電気増幅なし全部生《なま》音《おと》ライブ（司会者もマイクなしだったので「司会の言っていることが何も聞こえない」と苦情が出た）、さらに渋谷のオーチャードホールで二日間にわたって大がかりな『ALFA MUSIC LIVE』を開き、昨年12月には同じオーチャードホールで100人を超す交響楽団と合唱団による音楽活動50周年記念コンサート『LA meets TOKYO』をやった。そうした節目となるライブもすべて記録している。

『ALFA MUSIC LIVE』の時、アルファの歴史をまとめて観客全員に配布したのだが、その文章も本書に収録した。

本書はどのページからでも読める構成になっている。目次を見て興味のある記事だけを拾い読みしてもいいし、無作為に開いて読み始めてもいい。気軽に手に取って、楽しんでいただければ幸いです。

2018年9月5日ロサンゼルスにて　村井邦彦

目次

第3章 2013年　コロナ・ビールをラッパ飲み —— 109

第4章 2014〜2015年　曲は歌って書け —— 149

この美しい星、アルファ ―― 191

第5章　2016年　We Believe in Music ―― 233

アート・ディレクション・装画—宇野亞喜良
装幀・本文組版・DTP—佐野裕哉

村井邦彦のＬＡ日記

第1章　2011年

広い空の下、フリーウェイはひしめく

CHAPTER I

2011～

01 レスター・シルとの出会い

僕は1992年にLAに引っ越してきたので、もう18年以上もここで暮らしていることになる。まさかこんなに長くいることになるとは夢にも思っていなかった。

LAを初めて訪れたのは1970年のことで、当時のコロンビア映画の音楽出版部門であったスクリーン・ジェムズ・コロンビアで社長を務めていたレスター・シルと会うのが目的だった。コロンビア映画がソニーに買収される20年ほど前のことだ。

レスターはレコード・プロデューサー出身の経営者で、LAでクリエイティブ部門を担当し、ニューヨーク（NY）では副社長のアーウィン・ロビンソンが管理部門を担当していた。レスターは10年ほど前に亡くなったが、アーウィンは少し前まで全米音楽出版社協会の会長を務めていて健在である。昨年メールを送ったらエジプトから返信があった。引退して世界を漫遊中とのことだった。

僕の作ったアルファミュージックはこのスクリーン・ジェムズのサブ・パブリッシャー（下請け出版社）になった。それで僕は以前からよく行っていたパリやロンドンに加え、NYとLAに頻繁に通うようになった。

パリやロンドン、そしてNYも、空港から高速を走って市内に入るとパリはパリ、ロンドンはロンドン、NYはNYらしい街があり、エッフェル塔やハイドパーク、クライスラービルなどの姿がその街に来たのだと実感させてくれる。しかし、LAはフリーウェイがえんえんと続く平坦な土地で、どこが中心かわからない。

初めてLAに着いたのは春の夜だった。レスターが空港に迎えのリムジンを出してくれていた。制服制帽の運転手の運転するでっかい車だった。リムジンの窓に貼ってあるサングラスのような黒いフィルムのせいもあって、初めてのLAの夜景はよく見えなかった。ただ、松だか杉だか日本で嗅いだことのあるいい匂いがしたことを憶えている。それでLAはいいところだなと思った。

ところが、連れて行かれたホテルの部屋で目を覚ましてカーテンを開けたら、一面砂漠のような住宅街が目に入ってショックを受けた。すぐにレスターに電話して、もっと木の生えているホテルに替えてくれと頼んだところ、ビバリーヒルズホテルの部屋を用意してくれた。今、振り返ってみれば、最初のホテルはユニバーサルシティーのシェラトンホテルだったと思う。今なら当たり前のLA郊外の風景だが、雨が多く、緑豊かな日本で生まれ育った僕には見慣れない砂漠的な風景がショックだったのだろう。

ビバリーヒルズ一帯はうまく植樹してあり、僕は1910年代からあるピンクとグリーンに塗られたビバリーヒルズホテルがすっかり気に入ってしまった。このホテルの写真はイーグルスの『ホテル・カリフォルニア』のジャケットに使われているので、ご存じの方も多いだろう。

レスターは気さくな人柄で、僕をフランク・シナトラのお気に入りだったハリウッドのイタリアンレストランやボクシングの試合に連れていってくれた。LAに住んでいる人たちとの交流が始まった。

（2011年1月）

追記――レスター・シルはジェリー・リーバー&マイク・ストーラーの作詞・作曲家コンビやキャロル・キングを世に送り出した人で、フィル・スペクターにとっては親分のような存在だった。僕はレスターの紹介でキャロル・キングの『つづれおり』をプロデュースしたルー・アドラーと弁護士のエイブ・ソマーに会い、エイブがA&Mの創設者であるジェリー・モスとハーブ・アルパートの二人を紹介してくれた。ちなみにA&Mの名称はアルパートとモスの頭文字から取られている。僕とLAとのつながりはレスターから始まったのだなと改めて思う。

02

LA盆地

僕の住んでいるLAの家は小さな山の南斜面の中腹にある。いつも散歩する近所の坂道の途中に、街を見晴らせるところがあって、そこで一息つくのだが、ほぼ180度にわたってLA

の中心部を眺めることができる。左方、東に高層ビルの集積したダウンタウン、右方、西にサンタモニカの街と海が見える。ダウンタウンとサンタモニカの距離は30キロほど。東名高速でいえば用賀から厚木ぐらいの距離だ。

南正面には小高い丘がある。手前がカルバーシティーで、昔のMGMスタジオ、今のソニー・ピクチャーズのスタジオのある街だ。ソニー・スタジオには映画関係者がサウンドステージと呼ぶ巨大な音楽録音スタジオがあって、100人規模のオーケストラを同時録音できる。もっとも今は音楽も映画も低予算時代に突入し、大きなオーケストラはジョン・ウィリアムズを始め少数の幸福な作曲家しか使うことはない。良き時代を知っている僕はちょっとさみしくなる。ヘンリー・マンシーニ、ジェリー・ゴールドスミス、ミシェル・ルグラン、モーリス・ジャールといった20世紀を代表する作曲家がそれぞれ個性のあるオーケストラサウンドをサウンドステージで録音していた。名作曲家のスコアを世界中から集まってきたとびきり優れたミュージシャンが演奏するのだから、本当にすごかった。こうした一流ミュージシャンの読譜能力は異常に高く、心底驚かされたものだ。ドラマーのハービー・メイソンに聞いたのだが、演奏中は進行中の小節を見ているのではなく、次の小節やもっと先まで見る訓練をするのだそうだ。

丘の向こう側にはロサンゼルス国際空港（LAX）がある。空には常時10機以上の航空機が一定間隔をおいて一列に並び、着陸に備えて待機しているのが見える。

LAの空は大きい。僕が見ている一帯はLA盆地と言われる中心部にすぎず、おそらくLA

全体の10分の1にも満たない。大きな空の下にフリーウェイが縦横に果てしなく続き、LAは今も拡大している。フリーウェイに車の流れが途切れることはなく、人口増加によって渋滞が日常化している。

LA盆地とその周辺にはスペイン語を話す人が半数以上いる。中南米からの移民だ。さらに韓国人、中国人、ベトナム人、ロシア人、ヨーロッパのあらゆる国からの移民が暮らしている。

作曲家のセルゲイ・ラフマニノフはロシア革命後、スイスやNYを転々としたが、最後はLAに来て1943年にビバリーヒルズで亡くなった。ウィーンの作曲家、アルノルト・シェーンベルクはナチス政権下のベルリンから亡命し、UCLA（カリフォルニア大学ロサンゼルス校）やUSC（南カリフォルニア大学）で教え、1951年にLAで亡くなっている。シェーンベルクの弟子で一番有名なのはジョン・ケージだ。

（2011年2月）

03

本日も晴天なり

LAについて語る時、天気の説明なしには前に進めない。とにかく快適な気候なのだ。ラフマニノフは持病の関節炎治療の転地療養のためにLAに来たと思われる。降雨量は少なく、雨期である1~2月に集中して10日ほど降り続くこともあるが、あとはたまにぱらっと降るぐらいで、毎日が晴天だと思っていい。気温は高からず、低からず、一年を通じてジーパンにTシャツとセーターで過ごせる。とはいうものの、今年は異常気象で長雨が続き、気温も低いので、夜はオーバーをひっぱりださなくてはならない有り様だ。

湿度は低く、夏の強い日差しの時も木陰に入るとすーっと涼しくなる。海水温度は一年中低く、冷たくて泳ぐ気になれないが、この冷たい海から発生する霧が内陸に入ってきて大気を冷やし、やがて強い日照によって霧散する。それが毎日繰り返される。いわば砂漠に海という冷却装置が付いているような気候だ。日本で〝今日はいい日だなー〟と思う秋晴れの日があるが、あんな日が連続していると言ったらわかりやすいかもしれない。だいたい毎日こんな天気だから、人々は海辺で自転車に乗ったり、ジョギングをしたり、ゴルフやテニスなどのスポーツに一年中打ち興じている。

こんないいところなのに昔は人がほとんどいなかった。水がなくてアクセスがとても悪かったからだ。

ヨーロッパ文明からはるか遠く、西部開拓民が陸路を行くには、ロッキー山脈、シエラネバダ山脈や砂漠が障壁となっていた。船は難関である南アメリカ大陸の南端を回ってこなければならなかった。天然の要害のおかげで静かで平和な時代がしばらく続いたのだった。

カリフォルニアがスペイン領からメキシコ領になり、さらにメキシコ領からアメリカ領になった1840年代の終わり頃、ゴールドラッシュが始まった。大陸横断鉄道が1869年に開通し、西海岸へのアクセスが飛躍的に良くなる。水問題も1907年に始まったウィリアム・マルホランドによる北カリフォルニアからの水の導入で一挙に解決され、LAの人口は飛躍的に増加した。1930年代にはコロラド川の水をフーバーダムに溜めてLAまで持ってくるようになってさらに人口が増え、LAは世界有数の都会となった。

その頃の様子をロマン・ポランスキー監督がジャック・ニコルソン、フェイ・ダナウェイ、ジョン・ヒューストン主演の『チャイナタウン』（74年）で見事に描いている。音楽はジェリー・ゴールドスミスで、トランペットの中音部で奏でられるメロディーがとてもいい。時代は1937年、ジョン・ヒューストン演じる権力者の富豪が水を止めて砂漠化させた土地を買いたたいて大儲けする計画をジャック・ニコルソン扮する私立探偵が暴くという物語だ。探偵はレイモンド・チャンドラーの小説に出てくる私立探偵、フィリップ・マーロウをモデルにしている。水道局も警察も富豪に支配されていて、力だけが正義だったLAの無法時代がよく描かれている。

チャンドラーの後継者、ジェームズ・エルロイが書いた『LAコンフィデンシャル』も映画化された。同じくLAPD（ロサンゼルス市警察）の腐敗を描いているが、時代が1950年代で、LAPDのクリスマスパーティーのシーンにジェリー・マリガンとチェット・ベイカーのそっくりさんが出てきて当時のウエストコースト・ジャズを演奏しているのを見て嬉しくなった。これも音楽はジェリー・ゴールドスミス、1997年の作品だ。

フーバーダムは1930年代のLAアール・デコの意匠を取り入れている美しいダムだ。この頃に建てられたLAのビルはアール・デコにしろ新古典的なものにしろ、なかなか美しいものが多い。LAの市庁舎の天辺《てっぺん》は日本の国会議事堂とそっくりな新古典的な作りで、見るたびに日本のことを思い出す。


（2011年3月）

04 映画の都

天気のいいところに水が来てアクセスも良くなると、アメリカ中、いや、世界中からさまざまな人たちがLAにやってくる。水があるから農業もできる。オレンジ農園関係者が来る。牧畜関係者も来る。石油が出たので石油関係者も来る。ダグラス、ロッキードなど航空機産業も来る。金融業、その他さまざまなサービス産業関係者も来る。

そんななかでLAを最もLAらしくさせた人たちが、ハリウッド映画産業の関係者だ。ハリウッドはロナルド・レーガンという俳優出身の大統領も送り出した。酒の輸入で財を成したJ・F・ケネディの父親ジョー・ケネディもボストンから来て映画製作会社をやっていたことがある。

ＬＡの観光コースの一つに〝スターの家見物〟というのがあって、僕の家の近所でも屋根のない小型観光バスが何台も走り回っているのをよく見かける。スターの家めぐりツアーなのだが、見えるのはせいぜい塀か壁ぐらいのものなのに、いつも満員の客を乗せている。

レストランのウエイターやゴルフ場のキャディーにも俳優志望や作家志望がたくさんいる。アカデミー賞の授賞式はテレビ中継され、友人を呼んだり呼ばれたりして、大勢でビールやワインを飲みながら観るのが年中行事になっていて、そのあたりは日本の大晦日の紅白歌合戦と似ている。

映画産業の人たちはもともとＮＹやニュージャージーで映画を作っていた。ＬＡに引っ越してきたのは天気がいいからだ。当時の感度の低いフィルムで撮影していた人たちには、日本の映画人の言う〝ピーカン〟の晴天が続くＬＡの気候はとてもありがたかったに違いない。確かに僕のような素人が撮る写真でも、ＬＡで撮ると妙に明暗がくっきりしてよく写る。日本のような温帯モンスーン地帯では湿気が多く、映像はかすみがちになる。古い日本画に雲がたなびいているのも納得がいく。

僕は小学生の頃、父に連れられてよく西部劇を観にいった。カラーになった頃の作品群だ。夜のシーンは満月の夜のような不思議な映像だった。カメラが趣味だった父は「あれは露出を絞って昼間に撮影したに違いない」と言っていた。

加えて「映画の世界は本物みたいに作ってあるけど、みんなうそだと思って観るように」と教えてくれた。

最近観た『インセプション』（2010年／クリストファー・ノーラン監督）という映画では、パリの街が空からぶら下がっている映像が出てきてびっくりしたが、コンピューターのおかげでまったくありえない〝うそ〟の映像が氾濫している。3Dの『アバター』（2009年／ジェームズ・キャメロン監督）は楽しんで観たが、僕はやはり昔ながらの映画が好きで、今年アカデミー賞を獲った『英国王のスピーチ』（2010年／トム・フーパー監督）のような映画が今も作られているのが嬉しい。

『英国王のスピーチ』の音楽は、フランス人の作曲家アレクサンドル・デスプラが担当している。僕の注目している作曲家だ。最初はフランス映画ばかりやっていたのだが、最近はハリウッドに進出してアカデミー賞に二回ノミネートされている。

コレットの小説を映画化した英・仏・独の合作映画『わたしの可愛い人 シェリ』（2009年／スティーヴン・フリアーズ監督）のデスプラの音楽も良かった。この作品でミシェル・ファイファーは引退した高級娼婦を演じている。オペラの椿姫の主人公のような立場の女性だが、ファイファーの演じる高級娼婦はしっかり者だ。ベル・エポックのパリで、王族、貴族、富豪のガールフレンドになり、もらったお金をたっぷりと貯金して優雅な引退生活を送っている。ところが昔の仲間に頼まれて若い男の世話をしているうちに本気になって愛するのだが、別れてしまう。別れた後、どっと老いが出てくるシーンのメイクアップがすごい。男も傷心のあまり第一次世界大戦に志願従軍して死んでしまう。ベル・エポックから第一次大戦までの話で、アール・ヌーヴォーの装飾のあるパリのレストラン、マキシムや16区に現存するアール・デコのアパートがロケに使われ、衣装、小道具、自動車など、凝りに凝った映像が実に美しかった。ハリウッドが世界から〝輸入〟してきた作曲家は、ミシェル・ルグラン（仏）、モーリス・ジャール（仏）、ジョン・バリー（英）、ハンス・ジマー（独）、ニーノ・ロータ（伊）、エンニオ・モリコーネ（伊）を始め多数いる。デスプラがハリウッド映画音楽の常連になることはほぼ間違いない。

（2011年4月）

追記——アレクサンドル・デスプラは『グランド・ブダペスト・ホテル』（2014年／ウェス・アンダーソン監督）と『シェイプ・オブ・ウォーター』（2017年／ギレルモ・デル・トロ監督）でアカデミー賞作曲賞を受賞。

05

フリーウェイ101

LAのダウンタウンから6本のフリーウェイが放射状に広がっている。そのうちの一つフリーウェイ101は北西に向かっている。ダウンタウンから山すそを10分も走ると左にハリウッド地区が見えてくる。フリーウェイ101はハリウッドボウルのあたりから山の右側へと入り込み、LA盆地の反対側にある盆地のバレー地区を北上する。20〜30分ほどLA郊外の住宅地を走り、長い坂を下ると、突如として農業地帯になる。そのあたりがカマリロという地区で、チャーリー・パーカーが麻薬中毒でひっくり返ってしまった時に6ヵ月も入院していた精神病院があったところだ。パーカーは1947年にディジー・ガレスピーと一緒にLAにやってきた。パーカーは毎日麻薬に溺れていて、それでもいい演奏や録音をしていたらしいが、あまりのひどさにあきれたガレスピーはパーカーを置いてNYに帰ってしまった。その後、パーカーはこの病院に担ぎ込まれたのだ。この間の事情はクリント・イーストウッドが監督したパーカーの伝記映画『バード』（88年）に詳しく描かれている。イーストウッド監督は自らピアノを弾き、作曲もする才人である。息子のカイル・イーストウッドはベース奏者で、最近のイーストウッド作品『硫黄島からの手紙』（2006年）の作曲も担当している。ともかくイーストウッドは音楽がよくわかる人で、映画『バード』ではパーカー本人の録音を高音質に改良したものを音源に使い、パーカー研究家には貴重な資料になっている。

カマリロを過ぎると風光明媚なサンタバーバラが出現し、左手に海を見ながらの気持ちの良いドライブとなる。このあたりから交通量も減り、大都会LAが発散するストレスの磁波の〝圏外〟になってホッとする。その一帯はセントラルコーストと呼ばれ、ワイン用のブドウ生産者が多くいる。量では名の知れたナパバレーを凌駕するほどのブドウ生産地だ。ブドウ畑を過ぎるとフリーウェイ101は少し内陸に入って広大な農地を進み、サリナスという農作物集散地に到達する。ジョン・スタインベックはサリナスに生まれ育ち、この周辺を舞台に『怒りの葡萄』や『エデンの東』を書いている。

映画化された『エデンの東』の主演俳優ジェームス・ディーンはこの映画が公開された1955年にサリナスのハイウェイで交通事故死した。乗っていた車は自動車競走用に開発されたポルシェ550スパイダーだ。100台生産されたうちの4台がアメリカに輸入され、1台をディーンが買った。その日はサリナスにあるレース場に向かう途中だったという。550スパイダーはル・マン24時間レースで連勝し、ポルシェの名声を世界で高めた車だ。550というのはアルミニウムで作った軽量ボディーで、車両の重さが550キロしかなかったので付いた名前だそうだ。トヨタのヴィッツほどの小型車でも1000キロほどあるのだから、ぶつかったらひとたまりもなかったろう。衝突した相手は当時のでっかいアメ車に乗っていて軽傷だったという。

『エデンの東』の主題曲はその頃文化放送で毎週やっていたヒットパレード番組で1年以上リクエスト1位だった。毎週聴いていた僕は今でもメロディーを憶えている。ビクター・ヤング楽団の演奏だ。監督したエリア・カザンはイスタンブール生まれのギリシャ人で、幼い頃NYに移民した。共産党に入党し、モスクワ芸術座のスタニスラフスキーの演劇理論を導入してNYでアクターズ・スタジオを創設している。ここで学んだのがマーロン・ブランド、ポール・

ニューマン、ジェームス・ディーンといったスターたちだ。テネシー・ウィリアムズ原作の『欲望という名の電車』(51年)を始め多くの名作を監督してアカデミー賞を何度も受賞したが、マッカーシーの〝赤狩り〟の時代にハリウッドの元共産党員の同僚を〝売った〟とされ、ハリウッドから疎《うと》んじられていた。しかし、1998年にアカデミー賞名誉賞を受賞して名誉を回復した。

その時のアカデミー賞の実況中継をテレビで観ていた。名誉賞が授与される場合、全員がスタンディングオベーションで受賞者を迎えるのが慣例だが、座ったまま拍手をしない人や拍手はするが立ち上がらない人が多く、立ち上がったのは少数だった。拍手とブーイングが渦巻くなかでマーティン・スコセッシとロバート・デ・ニーロが賞を授与し、ウォーレン・ビーティーとメリル・ストリープが立ち上がって拍手をしているところが大映しになった。ビーティーは1981年に『レッズ』を監督・主演してアカデミー賞を得ている。

『レッズ』はロシア革命に熱狂したアメリカ人ジャーナリスト、ジョン・リードの実際の体験と著書を映画化したものだ。ジョン・リードは革命に共感してモスクワに向かい、コミンテルンで活動するのだが、実際の革命が自分の理想とはまるで違う方向に進展することに絶望し、最後はモスクワの病院で病死する。この映画はAFI(アメリカン・フィルム・インスティテュート)の関係者1500人が選んだ映画ベスト10に入っているから、映画志望者は必見の作品だ。僕の名画リストでも相当上位に入る。音楽はデイヴ・グルーシンで、主題歌はスティーヴン・ソンドハイムが書いている。

（2011年5月）

06 キャピトル・レコード

前回はフリーウェイ101に乗り、筆の勢いでサリナスまで一気に行ってしまったのだが、実はハリウッドのキャピトル・レコードの話を書こうと思っていたのだ。ダウンタウンから程近いフリーウェイ101の左下方にハリウッド地域が見える場所がある。そこから見える一番目立つ建物がキャピトル・レコードだ。建物が茶筒のような円筒形をしていて12階まであり、他のビルより十数メートルほど背が高いのだ。

住所はハリウッド大通りとヴァイン通りの交差点付近で、付近にはハリウッドの有名映画劇場がたくさんある。チャイニーズ・シアター、エル・キャピタン、エジプシャン、今は演劇やミュージカルに使われているパンテージスだ。だいたい1920年代から30年代のハリウッド全盛期に造られた建物で、豪華で複雑でゴシックからアール・デコまでの様式をごちゃ混ぜにした〝派手なら何だって良いだろう〟というメッセージが伝わってくる内装だが、どれも四角い箱型だ。これに対してキャピトルは1950年代の近代建築ですっきりしている。なぜ円筒形なのか調べてみたら、なんとレコードを積み重ねた形なのだそうだ。そう言われれば屋上に棒が立っていて、これはレコードの針なのだということが想像される。

キャピトル・レコードは西海岸で最大のレコード会社であり、比較的早い時期にEMIの傘下に入った。ビートルズのレコードは米国ではキャピトル・レーベルで発売されていたと思う。しかし、僕にとってキャピトルはナット・キング・コールやフランク・シナトラ、レイ・チャールズの会社で、そのスタジオはそういった歌手たちや作編曲をした音楽家たちの魂が今でも感じられる特別な場所なのだ。

キャピトル・レコードのトレードマークはワシントンDCのキャピトルと呼ばれる議会の絵で、なぜ西海岸の新興レコード会社にキャピトルという名前が付けられたのか僕にはいまだに謎だ。学生の頃に買ったジューン・クリスティの『サムシング・クール』という名盤は日本では東芝音楽工業からの発売になっていて、僕はいまだにそのLPを持っている。名盤中の名盤、マイルス・デイヴィスの『クールの誕生』は失くしてしまったが、最近iTunesで買い直し、今も聴いている。

『クールの誕生』はNY録音だが、その後のLAのジャズ、いわゆるウエストコ[illegible]た作編曲者ジャズの起源とも言われている。ジェリー・マリガン、ギル・エヴァンスと[illegible]たちが〝編曲され、洗練されたジャズ〟を始め、ジェリー・マリガン＝チェット・ベイカーのカルテットは世界中でヒットした。僕は若い頃からそういう音楽を聴き、演奏してきたので、ウエストコースト・ジャズは僕の音楽の心の故郷だと思っている。主に白人によって作られたので、ジャズの歴史のなかで忘れ去られようとしているが、20世紀の現代音楽を取り入れたレニー・トリスターノやデイヴ・ブルーベックの功績はもっと評価されていいと僕は思う。

キャピトルのスタジオには3年前に行った記憶がある。友人のハービー・メイソンがオバマ大統領の選挙キャンペーンソング「Yes We Can」を作曲し、大勢で歌っているところをビデオで撮ってYouTubeで流す計画があるので歌いにきてくれと言われ、家内とUSCの宮尾尊《たか》弘《ひろ》教授と3人で参加した。画面に東洋人が少し映っていたほうがいいという判断だったのだろう。宮尾さんは高校時代に僕と一緒に慶應ライトミュージックソサイエティのジュニアバンドでサックスを吹いていた経済学者だ。

この原稿を書こうとしている時、友人の作編曲家ホルヘ・カランドレリがキャピトルのスタジオAでオーケストラの録音をするというので見学に行った。音楽業界の不況が続いているなかで30人ものストリングスセクションの生録音を聴く機会は少ないので、大いに感動した。かつてYMOのミキシングをしてくれたアル・シュミットがエンジニアを務めていて、久しぶりの再会を喜んだ。一方でワーナー・ブラザーズ・レコードが買収され、EMIを所有していたファンドが破綻して、シティバンクがEMIを所有することになったというニュースを聞き、音楽産業の過ぎ去った栄光の日々を思う今日この頃だ。

（2011年6月）

07

YMOのLA〝凱旋〟

2011年6月26日、YMOを聴きにハリウッドボウルに行った。ハリウッドボウルはロサンゼルス・フィルハーモニックの夏季定期演奏会の会場である。夏季以外はダウンタウンにあるフランク・ゲーリーが設計したウォルト・ディズニー・コンサートホールで定期演奏会が開かれる。ハリウッドのど真ん中を走るハイランド通りを数ブロック北上したところに半円球のステージを持つこの野外音楽堂ができたのは1922年のことだ。LAの夏の恒例の家族行事はハリウッドボウルに行ってピクニックをし、音楽を聴いて最後に花火を見ることだ。

ハイランド通りから入ると、まず巨大な駐車場があり、駐車場のどん詰まりのところにステージと観客の入り口がある。観客席はかなり急な山の斜面に階段状に作られていて、古代ローマの劇場のように舞台を見下ろす形をしている。

前のほうの良い席は、相撲の升席のように4人ないし6人用に仕切られていて、簡易な椅子とテーブルがあって食事ができる。弁当やワインを持ち込めるから、多くの人がピクニック用の食事を作って出かける。後ろの椅子席でもみんなピクニックをしている。最近は手ぶらで行ってもなかなか美味しい食べ物やお酒を売店で売っているので、現地調達する人も多い。

夕方6時過ぎからゆっくり食事をしていると、8時頃からだんだん日が暮れてくる。その頃から音楽会が始まって、すっかり暗くなる9時すぎに音楽は最高潮になってくる。花火のある日は、最後にステージの上に花火が上がり、観客が大歓声を上げてお開きになる。満員の駐車場から車を出して帰宅すると、午前零時近くになるから相当に体力がいる。

ロサンゼルス・フィルの休みの日はジャズや民族音楽などの番組が組まれるのだが、今年はワールドフェスティバルと称して日本のYMOをメインとするコンサートが企画されたのだった。

YMOは僕がアルファレコードの社長をしている頃に二回LAに来ている。1979年の夏、LAのもう一つの野外劇場グリークシアターで大当たりを取って、欧米ツアーを始めることになった。

1980年には米国におけるレコード発売元のA&Mレコードのスタジオで三宅一生さんのファッションショーとコラボした。その映像は日本にも送られ、確かフジテレビが全国放送した。僕は軽井沢の小さな喫茶店で放送を観た記憶がある。喫茶店にはインベーダーゲームが置いてあった。A&Mのスタジオと書いたが、これは録音スタジオではなく映画スタジオである。サンセット通りとラブレア通りの交差点からちょっと南に下がったところにかつてチャーリー・チャップリンが所有していた映画スタジオがあり、この敷地をA&Mが買い取り、映画スタジオとチャップリンの事務所部分をそのまま保存し、残りの敷地に録音スタジオや事務棟を建てたのだ。

30年ぶりにYMOがLAに来るというので、家族や友人たち十数名でハリウッドボウルに乗り込んだ。YMOの演奏は見事なもので、全員巨匠のオーラを放っていてすごかった。細野晴臣、坂本龍一、高橋幸宏のほかに金管楽器奏者とギタープレイヤーが追加メンバーとして加わっていた。30年前は楽器（シンセサイザー）が巨大で電話の交換機みたいな形をしていて、松武秀樹さんがステージ上でコントロールしていたが、今はすっきりと小さいキーボードだけでコンパクトにまとまっている。

コンサートの終わりにヨーコ・オノこと、小野洋子さんが現れて東日本大震災の被災地支援を観客に訴え、歌い踊った。すごくエネルギッシュだったので、失礼ながら帰宅後にインターネットで調べたら1933年のお生まれだそうで「すごいなー」と思わずつぶやいてしまった。

（2011年7月）

08

LAフィルのリハーサル

朝6時半頃に目覚めて窓を開けると、あたり一面濃霧だった。近くにある木々ですらかすんで見える。冷たい海で生まれた霧が家の近所まで押し寄せてきたのだ。海霧が強い太陽によって焦がされ蒸発し、夏らしさを取り戻すのに午前中いっぱいかかった。10時頃いつもの山道を散歩して見晴らしの良いところへ行ったが、サンタモニカの街は海霧に覆われ、まるでモネの絵画「ルーアン大聖堂」のように、輪郭だけがかろうじてわかる程度にしか見えなかった。

ここのところ霧と太陽が終わりのない戦いを毎日続けている。午後になると太陽が優勢になり、直射日光の下では目まいがするほどの熱気が感じられるが、午後6時過ぎから再び霧が優勢になり、今度は寒いと感じるほどに気温が下がってくる。

夕方、山のほうに目をやると、斜面に立つ木々を越えて白い霧がうっすらと静かに入り込んでくるのが見える。

まだ明るい夏の夕暮れの空に霧が入ってくると、薄いピンクや紫や青の入り混じった微妙な色彩を見ることができる。LAが一番きれいな時間だ。

飛行機もパナマ運河もなく、辺境だった頃のLAに想いを馳せる。ほとんど無人の荒涼とした山に海霧が押し寄せ、同じような光景を繰り返していたはずだ。

先週再びハリウッドボウルに行った。今回は午前中ロサンゼルス・フィルが無料で練習を見せていると友人のマイク・ラングが知らせてくれたのだ。マイクはハリウッドの歴史に残る作曲家、ヘンリー・マンシーニやジェリー・ゴールドスミスが録音の時にいつも指名していた優秀なピアニストだ。楽譜とCDやLPのコレクターでもあり、クラシックからスタンダード曲まで、粒よりの楽譜を30坪ほどの書庫にぎっしりと保管している。

僕が到着した時にマイクはすでにいて、スコアを見ながらラヴェルが編曲したムソルグスキーの曲を聴いていた。観客は数十人ほどしかおらず、最前列で生のオーケストラを聴くことができた。ハリウッドボウルは野外だから本番では音を電気増幅してスピーカーで聴かせる。これは仕方のないことなのかもしれないが、僕は好きではない。生の音はそれほどに魅力的なのだ。指揮をしているのはグスターボ・ドゥダメル、ベネズエラから来た30歳の若い指揮者だ。ベネズエラは豊富に産出する石油を資金源にして若い音楽家を育てるプログラムを持っている。彼はそのプログラムの一環であるシモン・ボリバル・ユース・オーケストラの指揮者として頭角を現し、シャルル・デュトワやサイモン・ラトルについて勉強し、昨年ロサンゼルス・フィルの音楽監督に就任した。

リハーサルが終わると、マイクはムソルグスキーの作曲の素晴らしさを褒めたたえた。ムソルグスキーはピアノ譜は書いたが、オーケストレーションは書かない作曲家で、一番有名な「はげ山の一夜」のオーケストレーションも仲間のリムスキー・コルサコフが書いている。

しばらく休憩があって中国のピアニスト、ラン・ランが登場し、プロコフィエフのピアノコンチェルト3番のリハーサルが始まった。客席にはラン・ランの家族や友人らしい中国系の人が10人ぐらいやってきた。ラン・ランは彼らに舞台から手を振っていた。ジーパンとTシャツの上に白い縁取りの付いた黒い上着を着て、髪の毛がちょっとヤマアラシのようでリラックスしている。本番前に床屋に行くのだろうかと思った。かなり難しい曲だがやすやすと弾く。

途中ドゥダメルがオケを止めて指示を出す。スペイン訛《なま》りの強い英語だが、口で歌ってニュアンスをオケに伝える。再開するたびにラン・ランはドゥダメルのスコアをのぞき込んで場所を確認し、またやすやすと弾く。あまりやすやすと難しい曲を弾くので〝すごいなー〟という印象が全然ないのが難点だ。軽業師の芸を見ているような感覚になってしまう。一生懸命聴いていたらあっという間にリハーサルは終わった。

その後、近所のレストランでマイクとマイクの友人で首席コントラバス奏者のデニス・トレンブリーとサンドイッチを食べながらよもやま話をした。

デニスは41年間ロサンゼルス・フィルに在籍しているという。ズービン・メータが指揮者だった頃、ズービンに引っ張られたそうだ。歴代の指揮者、アンドレ・プレヴィンやエサ・ペッカ・サロネンらについて感想を聞いたところ、それぞれずいぶん解釈が違うらしい。日本には4回演奏旅行に行ったそうだ。

その夜、41年も同じオーケストラで弾き続ける人生ってどんな感じなのかなとしばらく考えたが、弾く曲は同じでも指揮者や聴衆が変わって毎日変化があるに違いないと思い至った。

（2011年8月）

09

ドレスダウン

20年ほど前LAに引っ越してきて、その頃は音楽出版社を経営していたので毎日出勤していた。昔からそうしているのでスーツにネクタイを締めて行っていたのだが、1週間ぐらいして一緒に仕事をしていたアイラ・ジャフィから「スーツじゃ旅行者みたいに見えるし、LAの音楽業界では浮いてしまうから、もっとカジュアルな服を着てきたほうがいい」と言われた。LAの標準的な服装はTシャツとショートパンツかジーパンだからだ。アイラは僕が駆け出しの音楽出版人だった頃、向こうも駆け出しで一緒に仕事をしていたことがあり、学校の同級生のような感じで何でも話ができる。

それで翌日は薄いブルーの生地に白い縞の入ったコットンの上着で出勤したら「これじゃ南仏のサントロペかどこかにバカンスに行っているようでだめだ」と言う。確かにこれはパリのサンシュルピス教会前の広場にあるイヴ・サンローランで買ったもので、南仏を舞台にした映画『太陽がいっぱい』（60年／ルネ・クレマン監督／ニーノ・ロータ音楽）でアラン・ドロンに殺される金持ちのアメリカ人が着ていたものにそっくりだ。『太陽がいっぱい』の原作は『The Talented Mr. Ripley』で、この原作をもとに1999年にアンソニー・ミンゲラが監督し、マット・デイモン、ジュード・ロウ、グウィネス・パルトローの主演で『リプリー』が再び作られた。『リプリー』で殺されるアメリカ人はジャズが大好きで、劇中の会話にもチェット・ベイカーの話が出てきて嬉しかった。ドロンもデイモンも殺した金持ちになりすますのだが、最後にはばれてしまう。

アメリカ人がパリや南仏にたくさん訪れたのは第一次世界大戦後、ヨーロッパが経済的に疲弊し、ドルを持っていれば大尽暮らしができた1920年代のことだ。有名なところではアーネスト・ヘミングウェイ、スコットとゼルダ・フィッツジェラルド、コール・ポーターなどがパリに来て、毎夜ドンチャン騒ぎをやっていたらしい。その時代にタイムスリップするウディ・アレン監督の『ミッドナイト・イン・パリ』(2011年)は当時のパリに興味のある人には必見の映画だ。

第二次世界大戦の直後も同じようにドルが強かったので、たくさんのアメリカ人がフランスに来ていたようだ。『太陽がいっぱい』と『リプリー』はその頃の羽振りのいいアメリカ人を題材にしている。

ドルが強かった1950年代にハリウッドはフランスやイタリアなどヨーロッパを舞台にした数々の作品を作っている。

『雨の朝パリに死す』(54年/リチャード・ブルックス監督/エリザベス・テイラー主演)の原作はスコット・フィッツジェラルド。原題は『Babylon Revisited』(邦題『バビロン再訪』)で1931年に書かれた。

晩年のフィッツジェラルドは落ちぶれてハリウッドにやってきて、映画の脚本を書いていた。フィッツジェラルド好きで知られる村上春樹が書いた『ザ・スコット・フィッツジェラルド・ブック』によると、僕の家から10分ほどで行けるサンセット大通りの〃アラーの園〃と呼ばれたアパートメント・ホテルに滞在していたそうだ。番地はサンセット大通り8150で、今は銀行の建物になっている。フィッツジェラルドは1940年、44歳の時にLAで亡くなっている。深酒が原因の心臓発作だった。同じくLAで亡くなったセルゲイ・ラフマニノフの死の3年前のことだ。二人はどこかのレストランで会ったことがあったのだろうか。

『昼下がりの情事』（57年／ビリー・ワイルダー監督）も忘れることのできない映画だ。アメリカ人の金持ちで老人のゲイリー・クーパーと若いフランス人女性を演じるオードリー・ヘップバーンの恋愛劇で、舞台はヴァンドーム広場にあるホテル・リッツだ。ヘミングウェイも景気のいい頃はリッツのバーを溜まり場にしていた。リッツは英国のダイアナ妃が交通事故で亡くなる時に滞在していたホテルで、このホテルのことは当分誰も忘れないだろう。

ビリー・ワイルダー監督はヒトラー支配下のベルリンからLAに逃れてきた人で、僕の最も敬愛する監督だ。『サンセット大通り』（50年）『お熱いのがお好き』（59年）など若い人にはぜひ観てほしい。ハリウッドのレストラン・スパーゴでワイルダー監督を見かけた時、僕は思わず飛び上がって「あなたの作品の大ファンです」と挨拶した。洗練された老監督は「それはありがとう」

と答えてくれた。

話が飛んだが、結局、僕はコットンパンツとポロシャツと紺のブレザーで出勤することにした。

（2011年9月）

10
LAに住む作曲家が行くべきところ

9月28日、ロンドンのロイヤル・オペラ・ハウスでグノー作曲のオペラ『ファウスト』を観た。ゲーテの原作をもとにまず戯曲が書かれ、それにグノーが音楽を付けた。明治維新のちょっと前の頃だ。徳川慶喜がナポレオン三世からもらった軍服を着て馬にまたがっている写真を見たことがあるが、そのナポレオン三世の命を受けてオスマン男爵がパリの大改造をし、シャンゼリゼなどの大通りをたくさん造って今のパリの骨格を築いた。その折にガルニエの設計でオペラ座が造られ、『ファウスト』はそこでしばしば演じられてヒット作となった。僕の観た『ファウスト』は時代を19世紀後半に設定してあり、オペラ座ができた頃の衣装や舞台で演じられていて興味深かった。原作となったゲーテの『ファウスト』第一部は1808年に発表された。

こんな風に書いていると僕がオペラに詳しいと思われるかもしれないが、実はオペラは最近ぐっと身近になってきて研究を始めたばかりの分野だ。オペラ歌手の森麻季さんに日本語の歌曲「つばめが来る頃」（作詞・山上路夫）を作曲し、今も森さん用に2曲ほど書きかけているので他人事《ひとごと》でなくなった。今までにもいくつかオペラを観ているが、職業的な必要から真剣に観るようになったのは、昨年東京で上演された三枝成彰さんの『忠臣蔵』、ワシントン・ナショナル・オペラで観たリヒャルト・シュトラウスの『サロメ』あたりからだ。

LAオペラの後援者の友人がワーグナーの『トリスタンとイゾルデ』や『ワルキューレ』に誘ってくれた頃はオーケストレーションをどう書いているかばかり聴いていた。パリのバスチーユにできた新しいオペラ座でモーツァルトの『魔笛』を観た時は、時差ボケと観劇前に飲んだワインのおかげですっかり寝てしまって、苦労して切符を手に入れてくれた友人の顰蹙《ひんしゅく》をかったこともある。

今回は指揮者と歌手が息を合わせる様子とか、ソプラノ歌手のピアニシモとフォルテシモのダイナミクスの幅の広さとか、高音域のどれぐらいの音域までなら抑えた表現ができるかなど、しっかり研究させてもらった。指揮者は歌詞を全部憶えていて、歌いながら指揮しているように見える。

数少ないオペラ観劇の経験からだが、近年予算の関係か舞台や衣装がモダンで簡潔になっているのではないかと思う。『忠臣蔵』『魔笛』『蝶々夫人』などは抽象的な舞台と衣装だった。画家デビッド・ホックニーが舞台を担当した『トリスタンとイゾルデ』もえらくさっぱりしていた。『ファウスト』は合唱50人以上、バレエダンサー19人、綿密に時代考証のなされた19世紀後半の衣装など、いわゆる一大スペクタクルになっていて、予算のことは想像でしかないが、目の玉が飛び出るほどの額であるに違いない。近年5000ドルでCDを作ったり、1万5000ドルで映画を作ったりするようなことが起きているが、なんという違いだろうか。文化が矮小化してつまらない時代にならないことを心から願うばかりだ。

LAでミュージックビデオやコマーシャルの監督をやっている息子のヒロ・ムライもこの観劇に同行した。「こういうヨーロッパ文化の累積と比べれば、ハリウッドなぞは一皮むけばワイルドウエストだね」というのが彼の感想だった。それはそうだ。きらびやかな服装の貴族やブルジョワが『ファウスト』の観劇にやってきたのと同じ時代、アメリカの西部では映画『OK牧場の決斗』（57年／ジョン・スタージェス監督）や『真昼の決闘』（52年／フレッド・ジンネマン監督）のようなことが起きていたのだから。だからLAに住む作曲家はときどきヨーロッパに行く必要があるのだ。

（2011年10月）

11

ニューラテンクォーターのアーメット・アーティガン

写真の整理をしていたらアトランティック・レコードの創業者、アーメット・アーティガンと僕が一緒に写っている写真が出てきた。ロバート・プラントとジェリー・ジプキンも写っている。ロバート・プラントはレッド・ツェッペリンという有名なロックバンドのボーカリストだが、ジェリー・ジプキンを知っている日本人はまずいないだろう。ほかになんと呼んでいいのかわからないので社交界と呼ぶが、ニューヨークの社交界でジェリーを知らない人はいないというぐらい有名な人だった。彼は当時のロナルド・レーガン大統領のナンシー夫人と大親友で、毎日二度も三度も電話で話をするとアーメットが言っていた。アーメットは一人旅ができないで、いつもジェリーや仲の良い友人と旅行をしていた。これは僕がまだ日本に住んでいた頃の写真だから、おそらく30年ほど前に撮影されたのだろう。場所はもうなくなってしまった赤坂のナイトクラブ、ニューラテンクォーターだ。今はプルデンシャルの高層ビルになってしまったが、ホテルニュージャパンの左側にあった。

ビートルズが日本武道館で公演する前の時代の海外の有名な演奏家は、たいていこのニューラテンクォーターで演奏した。代表的なスターはナット・キング・コールだ。もっともその頃、僕はまだ高校生だったから行ったことはない。ナット・キング・コールのライブを観たかったな……。

1960年代からベトナム戦争、ヒッピー、フォークやロックの時代になってニューラテンクォーターのようなナイトクラブとナイトクラブ音楽は衰退を始める。アーメットの最大の功績は、黒人音楽を広くアメリカ社会、そして世界に紹介したことだ。レイ・チャールズやアレサ・フランクリンはアトランティック・レコードに所属していた。しかし、アーメットはナイトクラブやナイトクラブ音楽も大好きで、ボビー・ダーリンもニューラテンクォーターで歌ったのかもしれない。ボビー・ダーリンも売り出している。

ともかくアーメットが日本に来た時に「懐かしいからニューラテンクォーターに行こう」という話になって出かけ、写真に収まったのだ。

ニューラテンクォーターの最晩年だったのだろう、客は僕たち以外に誰もいなかった。バンドも入っていないので音楽もなし。ホステスが4、5人いて全員僕たちのテーブルについた。トイレに行ったら年老いたトイレ担当のボーイさんがいて「力道山が刺されたのはこのトイレだよね?」と聞いたら「そうです」と返事があった。

LAで最も有名だったナイトクラブは「ココナッツグローブ」で、ビバリーヒルズとダウンタウンの中間ぐらいに位置するアンバサダーホテルにあった。たぶん1920年代に作られたのだと思う。アンバサダーホテルは1968年にジョン・ケネディの弟、ロバート・ケネディが暗殺された場所として有名だったが、今は取り壊されてしまった。どんなクラブだったのだろうといつも想像していたのだが、ハワード・ヒューズの生涯を描いた映画『アビエイター』(2004年/マーティン・スコセッシ監督)にこのココナッツグローブを模したセットが使われていて、往時をしのぶことができた。その名の通り、ココナッツの木が装飾に使われていた。ナット・キング・コールもボビー・ダーリンもここで歌っていたのだと思うと、行ったこともないのに懐かしかった。

俳優のケビン・スペイシーはボビー・ダーリンが大好きだったらしく、ボビーの伝記映画『ビヨンド the シー～夢見るように歌えば～』（2004年）を監督、主演した。ボビーの伴奏編曲のオリジナルを探し出し、歌の練習を2年やってこの映画を作ったという。ロック以前の音楽に興味のある人にはぜひ観てほしい映画だ。この映画のサウンドトラック盤に収録された「The Curtain Falls」は僕のお気に入りだ。メロディーもハーモニーもあるいい時代の音楽だ。

（2011年11月）

12

日米安保60年目の「翼をください」

1951年9月8日にサンフランシスコ講和条約が調印されて日本は独立国として国際社会に復帰した。1945年の敗戦からこの条約が発効する1952年までに日本国外に旅する日本人は「Occupied Japan」と記された旅券を支給されたと聞く。調印はサンフランシスコのオペラハウスで行われ、吉田茂首相を始めとした日本の代表団が署名した。そのすぐ後に吉田茂首相は一人で米国陸軍の基地プレシディオに行き、日米安全保障条約に署名をした。1950

年には朝鮮戦争が始まり、米ソ冷戦が一段と激しくなって、アメリカは日本を仲間に引き入れて再軍備を要請し、日本は事実上再軍備をして米国と同盟を組む道を選んだのだ。

２０１１年はそれから60年にあたる。先頃記念事業が行われ、招かれて出席した。11月15日の午後、60年前に日米安保が署名されたゴールデンゲートクラブでパネルディスカッションが開かれ、地球と人類が抱える問題、エネルギー、環境、人口、暴発する資本主義などの解決策が議論された。ゴールデンゲートクラブのあるプレシディオは現在、公園になっている。会議場からゴールデンゲートブリッジを見晴らすことができた。その後、会場を日本国サンフランシスコ総領事公邸に移してレセプションが行われた。僕の役割は、僕が作曲し山上路夫さんが作詞した「翼をください」の合唱のピアノ伴奏をすることだった。

早めに総領事公邸に移動してリハーサルをすることになった。男声合唱団が歌うと聞いていたが、大半は80代で、なかに20代がちらほらいる合唱団だった。リハーサルの合間に長老格の老人と会話を交わした。経歴を尋ねるとサンフランシスコで日系二世として生まれ、小学校から日本で教育を受け、終戦時は江田島の海軍兵学校の生徒で、原爆が広島に落ちた時は江田島にいたという。１９４9年に帰米したが、翌年には徴兵され朝鮮戦争に行った。激動の時代を生きた方だ。

ＬＡのダウンタウンにあるリトル・トーキョーには全米日系人博物館（Japanese American National Museum）があって、日本人移民の苦闘の歴史を展示している。ＬＡを中心とした西海岸には20世紀初めから日本人が多く移民した。勤勉で努力家の日本人が経済的に成功し始めると、恐れをなした白人が日本人排斥運動を始め、ハースト系の新聞なども黄禍論をあおった。カリフォルニア州議会は次々と日本人移民を排斥する法律を作り、日本人の土地所有を禁止した。1924年には排日移民法が連邦議会で成立し、当時7万人いたカリフォルニアの日系移民は窮地に追い込まれる。真珠湾攻撃の直後、日系人はサンタアニタの競馬場の厩舎につめ込まれ、その後遠くはなれたアリゾナなどの砂漠の収容所に送られる。移民の子供、二世たちのなかには日本で教育を受けた人もいるし、米国で教育を受けた人もいる。山崎豊子さんの小説『二つの祖国』は兄弟で日本軍と米軍に分かれて戦争することになる家族の歴史を描いた秀作だ。

合唱団の長老はまさしくこの時代を生きた人だ。二世たちは帰米してアメリカ人と同化するか、日本に帰って日本人として生きるかを迫られたのだ。

森山良子さんのお父さんでトランペッターの森山久さんや、森山さんの従兄に当たるかまやつひろしさんのお父さんで歌手のティーブ釜萢さんらは日系二世で、日本に残った。良子さんから聞いた話だが、久さんは戦時中、日本軍の宣伝放送の仕事をしていたそうだ。

LAに住んで初めて日系人の歴史を肌で感じとることができた。多くの日本人にこのことを伝えたいと思っている。先日はギタリストの村治奏一さんを連れてこの博物館に行った。

日本人が世界で生きていくのは大変なのだということがよくわかる。

僕の大好きなチェット・ベイカーの経歴を調べてみたら、1951年には陸軍軍楽隊に所属し、吉田茂首相が日米安保条約に署名したプレシディオ基地に勤務していたようだ。儀式の時、ビューグルというラッパを吹いていたかもしれない。

ビルボードのヒットチャートの1951年版を見ると、ナット・キング・コールの「トゥー・ヤング」やトニー・ベネットの「ビコーズ・オブ・ユー」が載っている。トニー・ベネットは畏友ホルヘ・カランドレリの編曲で今年デュエット・アルバムを出し、そのアルバムはビルボード・トップ200の1位になった。トニーはイタリア人移民の二世で85歳、合唱団の長老とほぼ同世代だ。

（2011年12月）

第2章　2012年

偏西風が慈雨をもたらす

CHAPTER 2

2012〜

13 ボストン交響楽団の「ダフニスとクロエ」

昨年のクリスマスに娘が勤務先のロンドンから休暇でＬＡに戻ってきたので空港へ迎えにいった。アメリカン航空の国際便到着口で待っていると、さまざまな人たちが税関から出てくる。税関の外は出迎えの家族や恋人や友人でごった返しているのだが、そのなかにひときわ帰りを待ちわびている様子の女性の一群がいた。やがてご主人かボーイフレンドかが出てくると、飛びついて熱い抱擁を交わし、しばらく動かないので後ろの人は行き場を失い、渋滞が発生した。男たちは体格が良く、たぶん軍人だろうと思った。娘が出てきて、同じ飛行機にアフガニスタンから撤兵した兵士が15人乗っていると機内放送があり、お疲れさまの拍手が自然に湧いたという。新聞やテレビの報道で少しは知っているつもりだったが、実際にそういう大変に危険な場所から帰還してきた兵士を見て感じるところがあった。一人ひとりの兵士にいろいろなストーリーがあるに違いない。アメリカの国策が正しいのかどうかはわからない。でもさまざまな理由で体を張って戦争に行ってきた人たちの生還を目の前にして、現実を強く感じた。

同じく昨年のクリスマスの前、ロサンゼルス・フィルのホーム劇場、ウォルト・ディズニー・コンサートホールに二回足を運んだ。一回はボストン交響楽団がカリフォルニアをツアー中で一夜だけだったが、ディズニー・コンサートホールに出演し、ラヴェルのバレエ曲「ダフニスとクロエ」を演奏するというので出かけた。ボストンの音というものがあるようで、非常にしっくりしたいい感じだった。昨日、東京の友人から小澤征爾さんと村上春樹さんの対談本が送られてきたのでさっと目を通したのだが、ボストンの音を作ったのは小澤さんだということがよくわかる。プログラムにも〝桂冠音楽監督〟小澤征爾と書いてあり、日本人として誇らしく思った。実際の指揮はジェームズ・レヴァインだった。

ここのところ清岡卓行さんの書いた『マロニエの花が言った』を読み直している。1910～30年代にパリに住んだ画家の藤田嗣治と岡鹿之助の話を中心に、当時のパリの芸術家たちのことが書いてあって興味深い。岡鹿之助は異常とも言えるほどの音楽愛好家で、画業のほかは音楽鑑賞にすべての時間を使った。幸せなことにこの時期のパリではディアギレフが率いるロシア・バレエ団がストラヴィンスキーやラヴェルに新作を依頼し『春の祭典』や『ダフニスとクロエ』が初演された時代だから、岡鹿之助は戦慄しながらこれらの曲に聴き入っていたに違いない。

同じ本にバロン薩摩という大富豪が出てくるが、バロンも音楽好きで、フランス音楽を日本に紹介するプロモーターでもあった。ラヴェルとも親交があったようで、清岡さんはそのことも書いている。それによると、ラヴェルは酒こそ飲まないが、クラブや酒場で朝までわいわいやるのが好きで、郊外の自宅とは別に夜更かしした時に泊まる部屋を駅前のホテルに持っていた。バロンはその部屋に行ったことがあるのだが、凡帳面なラヴェルは寝る前にパジャマに着替えた後、ネクタイとズボンと上着に丁寧にアイロンをかけるのだそうだ。クラブでは黒人ピアニストが弾く「ダイナ」が気に入っていたという。

そんな本を読んでいる最中だったので「ダフニスとクロエ」は実に興味深く聴くことができた。ラヴェルの緻密な作曲にはいつも驚嘆してしまう。

もう一つディズニー・コンサートホールで聴いたのはヘンデルの「メサイア」で、フィルハーモニア・バロック・オーケストラとフィルハーモニア・コラールが演奏、歌唱した。昨秋、ウエストミンスター寺院のヘンデルの墓を見た印象が強かったし、もっと合唱曲を聴きたいと思っていたから出かけたのだ。オペラ歌手の森麻季さんに「つばめが来る頃」(作詞：山上路夫)を書き、現在山上さんと新しい日本歌曲集を作曲中なので、研究の意味もある。このオケはサンフランシスコを拠点とする古楽器のオーケストラで、使っている楽器の一覧表を見ると、最古のものでは1600年代にオランダで作られたベースがあり、ほとんどの弦楽器は1700年代のものだった。隣に座っていた親切な老婦人が古楽器に詳しい人で、いろいろと解説してくれた。バイオリンの弓は今のものより短いそうだ。

演奏会が終わって会場で音楽愛好家の先輩、桜井裕《ゆたか》ドクターと偶然にお会いし、日系混声合唱団オレンジカウンティー・フレンドシップ・クワイアの一員である永山繁雄さんを紹介された。

ちょうど「つばめが来る頃」の合唱編曲ができあがったばかりだったから、その話をしたら興味があるという。後で楽譜を送ると、メールが届いた。合唱団の全員一致で次回のコンサートで歌いたいという。2月12日が「つばめが来る頃」のアメリカ初演ということになった。フォーレのレクイエムとアメリカ歌曲、日本歌曲のコンサートだ。

（2012年1月）

14 STORM(嵐)が来る

「It Never Rains in Southern California」（72年：アルバート・ハモンド）がヒットして以来、南カリフォルニアには雨が降らないという伝説が世界中に広まった。

20年前にLAに引っ越してくる時、当時小学生だった子供たちの黄色いゴム長靴やレインコートといった雨具一式を必要ないだろうと思って捨ててしまった。ところが翌年の2月に2週間ほど大雨が降り続き、しまったと思ったがもう遅い。雨具なんかどこの店にも売っていないのだ。もっとも地元の子供たちにはたまにしか降らない雨は面白いらしく、キャーキャー言いながら運動場を走りまわり、濡れるのを喜んでいた。

僕も子供の頃、東京で雪が降ると興奮して雪のなかを走り回ったものだ。見慣れた景色があっという間に真っ白な別世界に変わってしまうのを見るのが好きだった。
ウディ・アレン監督の『ミッドナイト・イン・パリ』（2011年）のラストシーンは、雨のなかを濡れて歩くのが好きな主人公の作家が、同じ好みを持つ女性と雨のパリを歩くシーンだ。このシーンは保守的で金持ちの実業家の父親を持つ奥さんとの別れを暗示している。主人公はＬＡの人で、映画の脚本家としてある程度の成功を収めてはいるのだけれど、ヘミングウェイやスコット・フィッツジェラルドに憧れて小説家になることを夢見ている自由人だ。現実的な奥さんや義父とあらゆることでウマが合わない。主人公はコール・ポーターの曲の78回転ＳＰレコードを古道具屋で買うのだが、その時の売り子がラストシーンで一緒に歩く女性だ。主人公は子供の時、雨のなかを走り回って喜んでいたに違いない。

というわけで、ＬＡには雨期というものがあるのを思い知らされた。1月、2月が雨期になる。ＬＡの雨のもとはハワイあたりで発生する低気圧で、偏西風に乗って西海岸の北部、シアトルあたりに雨や雪を降らせる。この低気圧が南下してくるとカリフォルニアも雨になる。たいていはサンタバーバラあたりで東にそれる場合が多く、ＬＡやサンディエゴまで低気圧が南下してくる確率は低い。そのため雨期でもほとんど雨が降らない年もあるが、降る時は1ヵ月以上も降ったりやんだりが続く。地元の人は雨と言わずＳＴＯＲＭ（嵐）が来るという。日本語でいう驟雨《しゅうう》がＬＡの雨で、〝しとしと降る〟などいくつもの表現がある日本の雨とは大違いだ。どさっと降って、坂道には川のように水が走る。

ずいぶん前のことだが、寒い冬のワシントンDCで多忙極まりないNHK支局長職を務めていた友人、外交ジャーナリストで作家の手嶋龍一さんがLAに来た。仕事の合間に一日だけゴルフができる日があると言うので、僕の所属しているベルエア・カントリークラブでプレーすることにした。さんさんと輝く太陽の下、半袖シャツでゴルフというイメージが膨らんでいたに違いない。ところがその日は土砂降りになってしまった。どうしようかと思案したが、手嶋さんがあまりに悲しそうな顔をしているので、雨中ゴルフを決行した。ゴルフ場は僕たち二人だけと思いきや、もう一人プレーしている人がいた。作曲家のジョン・ウィリアムズだ。手嶋さんは「LAで雨でもゴルフをやるのは日本人とイギリス人だけですね」と言った。

長く暮らしてわかるようになったのだが、この雨がまさに慈雨なのだ。乾燥してほこりっぽいところに雨が降ると、ほこりがすべて洗い流されて空気が澄みわたり、雨上がりの明るい太陽を浴びて春の花が咲き始める。梨の木の花、日本だと山梨県でよく見る白色、杏《あんず》の花、日本のソメイヨシノをちょっと濃くした色などだ。コパデオーロ、スペイン語でゴールデンカップという意味だそうだが、鬼百合より大きいサイズの金色の花、紫色の中国マグノリアなど、主に太平洋圏、オーストラリア、中国、ハワイ、南米からやってきた植物群が次から次へと開花していく。最後に咲くのはジャカランダという南米原産の紫がかった青の花だ。この木はLAのあらゆるところに街路樹として植えられているので、一斉に咲き出すととてもきれいだ。

（2012年2月）

追記――ジョン・ウィリアムズはアメリカ人だということが最近わかった。20年ほど前、ゴルフクラブで初めてジョンに紹介された時、彼は「ハウ・ドゥ・ユー・ドゥ?」と挨拶した。他のアメリカ人のメンバーは気軽に「ハーイ」などと言うのに。それに服装が地味で、いかにも英国風なのだ。雨中のゴルフでこの誤解は決定的になった。アメリカ人のメンバーで土砂降りのなかでゴルフをする人など見たことがなかった。ところが小坂忠《ちゅう》の孫娘がノース・ハリウッドの高校に進学することになり、その高校の卒業生にジョン・ウィリアムズがいると忠のお嬢さんのAsiah（小坂亜美）に教えられて誤解に気づいた。つい昨年のことだ。

15

食のノスタルジー

LAから東京に向かう飛行機のなかで一首詠んだ。

日本には
うまいものあり
なつかしい

そばすしおでん
うなぎてんぷら

一応、五七五七七になっているが、短歌のことは何も知らないからでたらめだ。だがしかし、作者の真情は語られている。

ＬＡに暮らして20年、故郷のことは食べ物を通じて思い出すことが多いのだ。

冬の寒い夜、外套の襟を立てて銀座の裏通りを歩く。引き戸をガラリと開けておでん屋に入ると、蒸気で眼鏡が曇る。カウンターに座っていつもどおり最初に豆腐を注文する。燗の係の親父が錫《すず》のやかんで湯気の立つ酒をコップに注いでくれる。そんな場面を思い出すのだ。

ミュンヘンに長く住むＢＭＷのチーフデザイナーの永島譲二さんに言われた。「ＬＡなんか東京の郊外のようなものです。日本食品のスーパーもそば屋もすし屋も何でもある。それに比べればミュンヘンなんか、何にもないに等しい。日本で美味しいものが食べたいなんてぜいたく言っちゃいけませんよ」

ＬＡの食生活に不満たらたらというわけではないのだが、久しぶりに日本に帰って食事をすると、何を食べても本当に美味しい。味がいいとかそういう表面的なことではなくて、遺伝子とか、何か奥深いところから「そうそう、これこれ」という反応が起こり、体中に喜びが湧き上がる。子供の頃から食べていた好きな食べ物の記憶が蘇ってくるのだろう。

ノーベル文学賞受賞者でドイツの文豪、トーマス・マンは、ヒトラー政権を嫌ってスイスに逃れ、その後1942年にLAに移住してパシフィックパリセーズというサンセット大通りが海に突き当たる手前の台地に住んだ。10年も住み、アメリカ国籍も取得したが、最晩年の1952年にはヨーロッパに戻り、スイスで亡くなった。LA滞在中は、アメリカのパンはまずいと言って周囲を困らせたそうだ。故郷リューベックのパンがどんなものか知らないが、想像するに、フランスで〝田舎のパン〟と呼ばれる丸くて大きくて茶色でざらざらしたパンに似たものではないかと思う。これも想像だが、当時のアメリカの上等なパンは、白くてふわふわでトーマス・マンはそのパンがパンと思えなかったのだろう。ヨーロッパに帰った理由のなかに故郷のパンを食べたいという思いもあったのかもしれない。

最近ピアノの名手、クリスチャン・ジャコブとよく会う。僕の作曲している森麻季さんのための日本歌曲集のピアノ譜を書いてもらっているからだ。クリスチャンは、フランス北部ロレーヌ地方メッツの出身で、パリのコンセルヴァトワール（フランス国立高等音楽院）でクラシックを学んだ後、ボストンのバークリー音楽院（現・音楽大学）へ行き、卒業後すぐ教授に迎えられた逸材だ。

雑談している時、故郷の食べ物で何が一番恋しいか尋ねた。

「母親の作るシュークルートです。白いソーセージ、赤いソーセージ、それに時々豚の毛まで入っている名前のわからないソーセージもありました」

彼の声は少し上ずっていた。携帯電話で写真まで見せてくれた。

シュークルートはアルザス・ロレーヌ地方の郷土料理で、キャベツの漬物だ。ソーセージや豚肉の塩漬けと一緒に食べる。ドイツではザワークラウトと呼ばれている。

彼の夢がかなうようなシュークルートがLAにあるかと考えていたら、僕が会員になっているゴルフクラブのヘネス料理長がウィーンから来た人だということを思い出した。ウィーンもシュークルート文化圏に違いないと思い、事情を話したら、ゴーツさんというソーセージ職人を紹介してくれた。それで早速ゴーツさんに会いにいって、シュークルートとソーセージについて教えてもらった。ロレーヌ地方と隣り合わせの南ドイツから来た人だからぴったりだ。

今度の日曜日にクリスチャン夫妻を家に呼んでゴーツさんのシュークルートとソーセージを食べる会を催すのを楽しみにしている。


（2012年3月）

16

夏の終わりのサンタアナ・ウインド

今朝から大風が吹いている。家から見える山頂の大きな松の木の枝がすべて揺れている。時折、杉の黄色い花粉が雲霞のようになって空中を移動する。

東京では春一番で強い風が吹くことがあるが、LAで春の大風はめずらしい。LAの有名な大風は、夏が終わってそろそろ寒くなる頃にLAの東に広がるモハーベ砂漠から吹いてくる風で「サンタアナ・ウインド」と呼ばれる。猛烈に暑くて乾燥した風だ。あまりに乾燥しているので唇や肌がかさかさになってしまう。巨大なドライサウナに巨大な扇風機を付けたような風だ。山火事の原因にもなる厄介なものなのだが、乾燥した暑さが爽快に感じられる。

モハーベ砂漠はカリフォルニア州、ユタ州、ネバダ州、アリゾナ州にまたがる広大な砂漠だ。自動車の耐久テストに使われる世界で一番気温が高くなるデスバレーやかつて原爆の実験場だったところとか、古くなった飛行機の捨て場であるモハーベ空港やゴーストタウンなどいろいろあるらしい。第二次世界大戦中に日系人が強制収容されたマンザナー強制収容所もこの砂漠にあった。

LAの200キロ東南にパームスプリングスというリゾートがあって、そこもモハーベ砂漠の一部なのだが、地下に大量の水があるためにゴルフ場と住宅をセットにしたリゾートがたくさん開発され人気がある。ボブ・ホープを筆頭にハリウッドの人たちがこぞって応援したので有名になった。

パームスプリングスの気候は暑くて乾燥していて、サンタアナ・ウインドと同質のものだ。もともとは避寒地として利用されていたが、今は一年中住む人が増えている。特に引退生活を送る人たちに人気がある。

ずいぶん前のことだが、パームスプリングスのサンダーバードというリゾートの知人宅に一泊したことがある。ジェラルド・フォード元大統領もこのリゾートの住人だったそうだ。知人宅には自動車の車庫のほかに小さな車庫があって、そこにゴルフカートを置いていた。朝、そのカートで2分も走るとゴルフ場に着き、誰もいないので3時間ぐらいで18ホール回れてしまった。その後、知人は友人とカードゲームをすると言うので、僕は彼の家まで歩いて帰ってプールサイドで本を読むことにした。暑く乾燥した風が吹いてきて、本当に気持ちが良かった。しかし30分もすると暑くてたまらなくなってプールに飛び込んだ。熱した鉄を水に入れるとジュッと音がするが、体からジュッと音が出るような爽快な気分だった。なるほど、この気候が人々を魅了するのかと納得した。

実はLAは暖かいようで寒いのだ。特に海岸近くは海から冷たい霧が入ってくるので、夏でもセーターが必要な時がある。ところが、サンタアナ・ウインドが吹くと、LAがパームスプリングスのようになる。

この風が吹くといつも思い出すのが映画『ブレスレス』（83年／ジム・マクブライド監督／リチャード・ギア主演）だ。この映画のいくつかのシーンにサンタアナ・ウインドが吹いている。『ブレスレス』は1959年に製作されたフランス映画『勝手にしやがれ』のリメイクだ。『勝手にしやがれ』はジャン＝リュック・ゴダール監督の出世作で、ジャン＝ポール・ベルモンドとジーン・セバーグが主演しているヌーヴェルヴァーグの代表作だ。脚本はフランソワ・トリュフォーが書いている。

『ブレスレス』は舞台をLAに移し、自動車泥棒をしてスピード違反で警官に追われ、実は暴発だったのだが警察官射殺の容疑者として指名手配になった無軌道な人生を生きる若者の話だ。最後には警官隊に包囲されて射殺される。ウエストウッド、ベニス、UCLAなどでロケ撮影された。ダウンタウンにある当時としては超モダンなガラス張りで円筒形のボナベンチャーホテルもロケに使われている。このシーンでもサンタアナ・ウインドが吹いているのがわかる。ボナベンチャーホテルの前のフィゲロア通りに紙くずが舞っているのだ。

これは想像だが、撮影の準備がととのったところでサンタアナ・ウインドが吹き始め、「よし、これを積極的に使ってやれ」と監督が考えたに違いない。一部脚本も書き直したり、わざと紙くずを飛ばしたりして「うまくいっちゃったね」ということになったのではないか。

冒頭のシーン、主人公はラスベガスで盗んだポルシェをLAに向かってぶっ飛ばすのだが、ジェリー・リー・ルイスの曲をカセットテープでかけて大声で一緒に歌う。ロックンロールとサンタアナ・ウインドがこの映画をより魅力的なものにしている。

（2012年4月）

17

LAのトマトは昔の味はしなかった

昨年、裏庭に3坪ほどの家庭菜園を作った。LAは陽あたりが良く、庭にはスプリンクラーが設置されているから、農作物を作るには最適だ。スプリンクラーは定時に自動で適量の水をまく設定になっているので、自分で水をやるのは日照りが強すぎたなと思った時だけで済む。10年ほど前、自分でトマトとナスを庭に植えたことがあるが、その時はノウハウがなく、トマトが2、3個できただけで、後は雑草がトマトとナスを殺してしまった。

今回はジェーンさんというイギリス人の園芸専門家が週一回家に来て、いろいろと指導してくれることになった。まず地面を30センチほど掘って腐葉土を置く。これは庭師がやってくれた。ジェーンさんが苗を買ってきて、植えてくれるので僕はすることがない。何をしたらいいのかジェーンさんに聞いた。

「よく見ることと食べることです」とジェーンさんは言った。

それで毎日、朝な夕なに菜園を見ることになった。

植えられたサラダ菜の葉に穴が開いている。ジェーンさんに相談したら「それは芋虫です。このスプレーは農薬ではないからそれほど効き目はありませんが、これをシューッとかけてください」と言う。

ある日はカタツムリを見た。「でんでんむしむしカタツムリ」と歌ったことがあるし、フランス料理のカタツムリも好物なので悪意は全然なかったのだが、ジェーンさんが「カタツムリは菜園の敵です。見つけ次第、踏みつぶしてください」と言うので、最初は気が引けたが、その通りにした。

最初に植えたのはレタス、アルグラ、ハーブ各種だった。アルグラはスーパーマーケットで売っているものより数倍香りが高かった。

やがて夏になり、トマトとキュウリがどんどんでき始めた。レタスと違って収穫が大変だ。つるがあちこちに伸びていて葉っぱが茂っているので、長袖のシャツと手袋を着用して収穫しないと、手や腕が傷だらけになってしまう。トマトが赤く完熟するまであと2日待とうといった判断も大事だ。

葉陰でひそかに育っていたキュウリを発見できずに時が過ぎ、梶棒のように巨大になってしまう失敗もした。

この頃には「家の猫は世界で一番可愛い」という心理状態と同じで「家のトマトは世界一うまい」と思うようになり、胃酸過多になりそうなぐらいたくさんトマトを食べた。

そしてたった3坪でもトマトはたくさんできることを知った。

戦後まもない頃、僕は小学校の低学年だった。祖父母が引退して千葉県の海岸で暮らしていた。海岸の手前に低い防風林があり、その手前に砂山があり、さらにまた松林があり、その松林のなかに家が立っていて、祖父母はそこで暮らしていた。

僕や妹や従兄弟たちは夏休みをこの家で過ごした。

戦後の食糧難の時代だったから、祖父母は庭で野菜やスイカを作り、その庭を雌鶏が走り回っていた。雌鶏は毎日卵を産んだ。まだ生温かい卵を祖母がシャカシャカとかき混ぜてくれて、僕たちはそれをご飯にかけて食べた。その頃、卵はスーパーマーケットで買うものでなく、家で採れるものだったのだ。そもそもスーパーというものがなかった時代だ。

千葉の海岸の家には数々の思い出があるのだが、忘れられないことの筆頭が、庭で採れたトマトをバケツに入れて井戸に降ろし、よく冷えた頃、塩をかけて食べたことだ。

海水浴の後、のどが渇き、お腹も減っている時に食べるトマトの美味しさは格別のものだった。ほのかに青臭い匂いのするこのトマトをいつも思い出す。近年のトマトは洗練されすぎていて青臭さがないのが残念だ。

LAのトマトは……残念ながら昔の味はしなかった。


（2012年5月）

18

ジョニー・マンデルが教えてくれた

6月15日に東京でライブをやることになったのでそのリハーサルを自宅で行った。編曲をしてくれたクリスチャン・ジャコブとベース奏者のケビン・アックスが、日曜の午後家に来て僕のピアノ演奏にアドバイスをしてくれた。

ケビンのベースと一緒にピアノを弾くと、なんとも言えない良い音が低いほうを支えてくれて、イマジネーションがどんどん湧いてくる。クリスチャンのアレンジは和音が現代的で、僕には新鮮な響きだ。

ライブのオープニングのアイデアを僕が出して3人でだんだん形にしていった。ブルースっぽいグループを作って、それに「翼をください」のメロディーを乗せてみたら結構いけそうな感じになってきた。途中からダブルテンポの4ビートにするアイデアを出したら、クリスチャンとケビンから4ビートに入るきっかけと出方のアイデアがすぐに出てきた。熟練のミュージシャンは反応が早い。2時間半ぐらいで4曲ほど仕上げた後、庭で日光浴しながらビールを飲むことにした。

音楽家が3人集まれば当然話は音楽のことになる。クリスチャンは前の日の夜にジョニー・マンデルのオーケストラでピアノを弾いてきたことを話した。マンデルは「いそしぎ」や「エミリー」の作曲者として有名だが、何よりも編曲の美しさが音楽家仲間に高く評価されている。高齢なのでたまにしかライブをやらないが、やる時はいつも音楽業界人だけで満員になってしまう。

僕もいつもアンテナを張り巡らしているのだが、その夜のことは情報がなく、聴きにいけなかったので残念だった。1年ほど前のライブに行ったのだが大腿骨骨折で本人が登場せず、一応演奏はしたものの2年前に本人が指揮していた時に比べて音がもう一つだった。今回は体調が戻り、すごく良い演奏会になったとクリスチャンが言う。

リハーサルでクリスチャンが譜面とは違う自分の好きなコードを弾いたら、すぐに「書いてある通りに弾け！」と指示が飛んだそうだ。ジャズ・オーケストラなのだが、ピアノの一つひとつのコードまでびっしり書いてあるのだそうだ。

そういえばジョニー・マンデルの作品集の楽譜が売られていて僕も持っているのだが、他のジャズやポピュラー系の作曲家の作品集と違って、本人がしっかり監修しているので本物の音がする。僕はこの作品集から音の使い方を多く学んだ。僕にとっては大事な教科書の一つだ。

2年前のライブでジョニーは自分がどうして編曲家になったか話してくれた。彼は1925年にNYで生まれた。子供の頃、ラジオをつけるとどの放送局もビッグバンドの生中継を流していた。制作費が安く上がるからだそうだ。ジョニーは同じようなビッグバンドなのに良い音のするバンドと良くない音のバンドの違いを聴き分け、その理由は編曲にあると思い、編曲家への道を歩むことにしたのだという。

若い頃はトランペットやトロンボーンをビッグバンドで演奏し、その頃の仲間の一人がFRB議長を長く務めたアラン・グリーンスパンだと言っていた。ジュリアード音楽院で同級生だったのかもしれない。グリーンスパンはスタン・ゲッツとも仲良しだったようで、実際にウディ・ハーマン・バンドで演奏していた本格的な演奏家だったようだ。ビル・クリントン元大統領もサックスを吹いていたらしいが、現職の大統領とFRB議長が仕事の合間に音楽の話をしたのかどうか興味深い。

ビッグバンドの時代が終わり、ハリウッドに来て映画やテレビの仕事をした。1958年に作られたロバート・ワイズ監督、スーザン・ヘイワード主演の『私は死にたくない』のジョニーの音楽は、当時のウエストコースト・ジャズの大物ミュージシャンが演奏するクラブのシーンがあってとても良かった。

そのうち主題歌を書けと言われて書いたのが「いそしぎ」だそうだ。

僕たち3人ともジョニーは偉大だという結論に達したのだが、クリスチャンがジョニーの指揮がうまくないので困るとこぼしていた。ケビンも指揮が中国のタイチー（太極拳）みたいだよねと言う。それで演奏家たちはなるべく指揮を見ないようにして演奏しているのだそうだ。

ケビンはクラシックからジャズ、ロックまで何でもこなすベースの達人で、特にブルースっぽい曲がうまい。そこで僕がブルースをうまく弾くためにはどうしたらいいのか尋ねた。横からクリスチャンが「家が火事で燃えるとうまくなる」と言うから何のことかと思ったら、10年ほど前にケビンの家が漏電で燃えてしまったのだという。

ケビンがその火事の詳細を話してくれた。家が全焼して持っていたものをすべて失うと、人生がずいぶん変わってしまうような気がしたそうだ。

クリスチャンは冗談で言っているようだが、確かにブルースってそういう気分なのかもしれない。


（2012年6月）

19

ブルースを語り合う京都の夕べ

今日は7月4日。アメリカでは独立記念日のお祝いで花火が上がっているのだろう。家にいればサンタモニカの海岸から花火の音が聞こえてくるはずだが、僕は今、京都の三十三間堂の隣のホテルでこの原稿を書いている。何でもこのホテルは1100年代に後白河上皇が住んでいた土地に建っているのだそうだ。そう言われると、自分が長い歴史の一部になったような感覚にとらわれる。後白河上皇や平清盛がこの場所でどんな会話を交わしたのか知りたくなる。その後、僕が生きた時代までの1000年の歴史のことをつい考えてしまう。

部屋からは日本庭園を見渡すことができて、まるで山のなかにいるようだ。手前に池があり、しとしと降る梅雨の雨が水の上に円い波紋を作り続けている。

昨夜はバイオリンの川久保賜紀《たまき》さんが大友直人さん指揮の京都市交響楽団とモーツァルトのバイオリン協奏曲第5番「トルコ風」を演奏するというので、京都コンサートホールに出かけた。気のせいかもしれないが、第2楽章のゆっくりしたところが、京都風に聞こえた。あとで賜紀さんから聞いたのだが、異常に湿度が高いため弓がたるんでしまうのでとても困ったそうだ。京都風に聞こえたのはそのせいかもしれない。LAのような乾いた土地ではすっきりした音が出る。東海岸では程良く湿った音がする。モーツァルトが住んだザルツブルクやウィーンの湿度がどれほどのものか知らないが、梅雨時の京都よりはずいぶん乾いているに違いない。誰か音楽と湿度について研究してくれないかなと思う。


演奏会の後、八坂神社の隣の旅館の食堂で、賜紀さん、日向《ひなた》大介さん、反町《そりまち》信之助さんらと会食した。実は賜紀さんはLA出身、2002年にチャイコフスキー国際コンクールで1位なしの2位（実質1位）をとった人。日向さんはテレビドラマ『ロングバケーション』の音楽などで知られているが、この20年ほどはLAを拠点に作曲と制作をしている。反町さんは、その日向さんの同級生で、2年前までLAに10年以上暮らしていて、最近京都に引っ越してきたブルース・ギタリスト。京都に突然、LAゆかりの音楽家たちが集まっての夕食会となった。

賑やかに会話が弾み、LAのパンケーキ屋で一番美味しいのはどこかについていろいろな説が出た。LAのパンケーキの食べ比べをしたという日向さんの情熱的な話に、最も説得力があった。パンケーキは甘くてはいけない。少し塩分があり、なかがベチャっとしていて膨らんでいてはいけないというのが日向説だ。

続いてブルースの歴史に話が及び、反町さんが1940〜50年代のシカゴ・ブルースからさかのぼり、ミシシッピデルタの1910年代までの話をしてくれた。南のほうではメキシコからギターが入ってきて、ブルースの主力楽器になったということを初めて聞いた。ブルースはジャズと同じようにミシシッピ川をさかのぼってシカゴに到達するのだが、シカゴでは客があまりにうるさいので、生楽器ではよく聞こえない。それでアンプをくっつけてドラムも入れて大きな音にしたという話も面白かった。

続いての話題は、ブルースの形式。どんなブルースもたいていは12小節を二回繰り返し、コード進行もほとんど一緒ということについて解説があった。ジャズのブルースではコード進行をずいぶんいろいろと変えて演奏するのだが、特に9小節目と10小節目を2度の和音、5度の和音にすることが多い。反町さんに聞いたらブルースをやる人にとっては絶対にありえないコード進行だそうだ。ブルース的な生活というものがあるようで、反町さんは偉大なブルースシンガー、ロバート・ジョンソンの生涯を例にとって説明してくれた。彼は人の奥さんといい仲になり、亭主に毒殺されて短い人生を終えたという。

僕の知り合いにブルース狂のアメリカ人が二人いるが、二人とも株や債券を売り買いする投資銀行で働いている。通勤の車のなかでボリュームを最大にしてブルースを聴いていると言っていた。株や債券が上がったり下がったりしてやりきれない時にブルースが慰めてくれるのだろうか。投資銀行で働くことが現代のブルース的生活なのかもしれない。

賜紀さんは現在ベルリンに住んでいて、ベルリンの前衛的な音楽家たちとヒップホップの録音をやった経験さえあり、クラシック以外の音楽にも大いに興味を持っている。いろいろ質問をしながら熱心に聞いていた。

話題は食べ物の話に戻り、賜紀さんはＬＡのターキーサンドイッチが食べたいと言った。ベルリンのパンは硬く、サンドイッチはすべてオープンサンドイッチだそうで、ＬＡ風のやわらかいパンが恋しいそうだ。トーマス・マンはＬＡのパンがやわらかすぎて嫌いだったが、賜紀さんはその反対のケースだ。

その夜のメニューは小さな鮎の塩焼きとハモのしゃぶしゃぶで、京都の味がした。

（２０１２年７月）

20

フィッツジェラルドが描く〝狂騒の20年代〟

『The Great Gatsby』が新たに映画化され、今年の暮れぐらいには公開されるらしい。スコット・フィッツジェラルドの1925年の原作で、1974年にジャック・クレイトン監督、ロバート・レッドフォードとミア・ファローの主演、音楽ネルソン・リドル、脚本フランシス・フォード・コッポラで映画化された。邦題は『華麗なるギャッツビー』だった。これが2度目の映画化で、3度目は『ムーランルージュ』(2001年)を監督したバズ・ラーマンが作るらしいが、どんな作品になるのか楽しみだ。

1974年に制作された『華麗なるギャッツビー』のレーザーディスクがあるのを思い出し、引っ張り出してきて鑑賞した。20年前に東京から引っ越してきた時に気に入った映画のレーザーディスクを100枚ほど持ってきた。再生機器はパイオニアのもので、いつ壊れるかと心配していたがいまだに健在だ。誇るべきかな日本製品である。

時代は1920年代の初め。場所はニューヨークの郊外の海辺、ロングアイランドとマンハッタン。季節は6月の夏至になる寸前から夏の終わりまで。主人公ギャッツビーは中西部の貧しい家に生まれ、第一次世界大戦で軍功を上げオックスフォード大学に一時いたこともある。

戦後、無一文で帰国したが、酒の密売や賭博のような危ない仕事で大儲けしたのだろうか、ロングアイランドの海辺の大邸宅に住んでいる。その大邸宅と海峡を挟んだ正面の海辺に住むのがギャッツビーの出征前の恋人だったデイジー。富豪の娘で「金持ちの娘は貧乏な人とは結婚しないの」という台詞《せりふ》が有名だ。それでデイジーは金持ちでいささか乱暴でポロ競技が好きなトムと結婚している。トムは貧しいガレージ経営者のウィルソンの妻と付き合っていて、時折マンハッタンに持っているアパートで密会している。デイジーは夫に女がいることに気が付いている。最後に紹介するのがニックで、ニックは家柄こそ良いがそこそこの財産しかない、デイジーのまたいとこで、トムとはイエール大学で同級だった。ギャツビーの大邸宅の隣に小さな家を借りていて、そこからマンハッタンの証券会社に通勤するサラリーマン生活を送っている。ニックも第一次世界大戦に従軍経験があり、ギャツビーとの付き合いが始まる。

ギャツビーの邸宅では毎週末、数百人規模の大パーティーが開かれる。ストリングスセクション付きのジャズ・オーケストラ、シャンパン、チャールストン・ダンス。朝まで乱痴気騒ぎが続く。ニックはギャツビーに誘われてパーティーに出かける。そこでデイジーとの仲をとりもってニック宅でアフタヌーンティーを催すことを依頼される。再会したギャツビーとデイジーは……。その先は映画ができてからの楽しみにとっておきましょう。待ちきれない人は新潮社の文庫本を読んでください。僕の持っているのは野崎孝翻訳のものだが、最近は村上春樹の翻訳があるらしい。ぜひ読んでみたいものだ。

この小説が書かれた1920年代は「狂騒の20年代（The Roaring Twenties）」と呼ばれる。経済繁栄で始まり1929年の株式市場崩壊にいたるまでのなんとも派手な時代だった。ジャズエイジとも呼ばれ、僕のようなジャズ好きにとっては心の故郷のような時代だ。その頃に書かれたコール・ポーターやジョージ・ガーシュインの流行歌やミュージカル曲は今も歌い継がれている。この時代のことを考えるとすぐ連想されるものごとを列挙すると、マンハッタンにそびえるクライスラービルに代表されるアール・デコ様式の建築（完成は30年）、ココ・シャネルが作った軽快な女性服、これはチャールストン・ダンスを踊ったり、ゴルフやテニスをしたりする活動的な新しい女性たちのために作られたものだ。レコード、ラジオ、トーキー映画の普及。禁酒法にもかかわらず繁盛するもぐり酒場。これらのことはすべて『The Great Gatsby』に登場する。

日本でも第一次世界大戦で好景気となり、議会制民主主義が一瞬根づくように思われた大正デモクラシーの時代があった。

モボとかモガがしゃれた服を着て銀座通りを歩いた、短かったけれどいい時代があったのだが、1921年の原敬総理大臣の暗殺事件や1923年の関東大震災で暗転していく。

今回『ギャツビー』を観てその時代の暗部を再認識した。極端な貧富の差、人種差別、男女差別などだが、身につまされるのが黄禍論（Yellow Peril）の信奉者のトムが人種差別的な発言を繰り返す場面だ。トムのような黄禍論者をハースト系のイエロージャーナリズムが煽り、それで実際に1924年には排日移民法が成立し、すでに土地の所有を禁止されていたカリフォルニアの日系人は立ち往生する。そしてそのことが後の日米の戦争の遠因の一つになっているからだ。

スコット・フィッツジェラルドはその日米戦争が始まる前年の1940年に失意のなか、酒の飲みすぎが原因の心臓麻庫によってハリウッドで亡くなった。

（2012年8月）

追記――『ギャツビー』は1926年と1949年にも違うタイトルで映画化されているようだ。観てみたいものだ。

21

ミシェル・ルグランの思い出

今年の梅雨の頃、京都嵯峨野を見物していたら平野屋の前を通りかかった。夏は鮎、冬は湯豆腐を食べさせる古い店だ。ふとミシェル・ルグランのことを思い出した。40年ほど前、東京音楽祭に出演するために初来日したミシェルを京都に案内してこの店で食事をしたことがあるからだ。音楽祭の顧問役をやっていた僕は、前からミシェルの音楽が大好きだったので、進んで世話役を買って出た。

その時ミシェルは10日間ほど日本に滞在し、毎日僕の事務所のピアノを使って映画のスコアを書いていた。ミシェルが来ると僕は隣の小部屋に移って事務をやっていたが、彼が大きな声で歌っているのがよく聞こえた。オーケストラの譜面を書く際に歌いながら作曲するのだ。せっかく日本に来たのだから京都を見たほうがいいと勧めて、一緒に京都見物に行って平野屋で食事をしたのだった。以来、ミシェルと時折会ったり、一緒に食事をしたりするようになった。パリのミシェルの家に招かれて食事をしたり、LAで会ってミシェルのお気に入りだったイタリア料理屋に行ったりもした。

最後に食事をしたのは3年ほど前のことだ。ミシェルが渋谷のオーチャードホールで演奏した後、僕の借りていた松濤《しょうとう》のアパートにミシェルと今は亡くなったミシェルの姉クリスチャンヌを招き、生ガキとローストビーフを食べた。両方ともミシェルの好物だ。

この時僕はその頃書いていた曲をミシェルに聴かせようと思ってピアノを弾いた。するとミシェルはピアノのそばに来て「メロディーを歌わなきゃダメだよ」と言った。歌って曲を作ることが大事なのだということを思い出させてくれたわけだ。

1970年代の前半までにミシェルはアカデミー賞を二つも獲り、ハリウッドの売れっ子作曲家になって年中LAに行っていた。一時はLAに住むことも考えていたようだった。僕もその頃コロンビア映画の音楽出版部門であったスクリーン・ジェムズ・コロンビアの日本におけるサブ・パブリッシャーの仕事をしていたので、定期的にLAを訪れていた。それで僕たちはLAでしばしば会うことになった。

ミシェルは僕を録音現場や演奏会に連れていってくれた。ダイアナ・ロスがビリー・ホリデイを演じ歌った映画『ビリー・ホリデイ物語　奇妙な果実』(72年/シドニー・J・フューリー監督)

の録音現場は面白かった。どのスタジオだったか憶えていないが、スーツをダンディに着こなしたモータウン・レコードの創業者でこの映画のプロデューサーのベリー・ゴーディを紹介されたことが印象に残っている。グリークシアターでミシェルとジョニー・マティスのジョイント・コンサートがあり、ミシェルの楽屋を訪ねて舞台の袖で演奏を聴いたこともあった。最初に二人で2曲ほどやり、前半をミシェルのオーケストラ、後半をマティスの歌で締めくくる構成だった。後にこのグリークシアターにYMOを送り出すことになるのだが、その時はそんなことは考えてもみなかった。その頃、細野晴臣はユーミンの『ひこうき雲』の録音で芝浦のスタジオAにしばしば現れていた。

ミシェルの両親は共に音楽家で、父は有名な作編曲家のレイモン・ルグランだ。パリ・コンセルヴァトワールの校長だったガブリエル・フォーレの生徒だったそうで、ポピュラー音楽や映画の世界で活躍していた。姉のクリスチャンヌは1950年代からダブル・シックス・オブ・パリという女声3人、男声3人の前衛的ジャズ・コーラス・グループで活躍していて、マイルス・デイヴィスの名作『クールの誕生』の曲を、アドリブのパートも含めてフランス語の歌詞を付けて歌っていた。後にはスウィングル・シンガーズに参加し、バッハをジャズのビートにのせて歌って大ヒットした。

こういう家族に囲まれて育ったミシェルも『ルグラン・ジャズ』(58年)をマイルスやコルト

レーンと作っている。ミシェルもパリ・コンセルヴァトワールの出身だが、父親と同じようにクラシックの世界にとどまらず、ジャズやポピュラー音楽、映画音楽に進出していく。なんという音楽一家だろう。

僕は手塚治虫原作の『火の鳥』(78年/市川崑監督)を映画化する時に、市川喜一さんに頼まれて制作を手伝った。市川喜一さんは安部公房原作の『砂の女』(64年/勅使河原《てしがわら》宏監督)のプロデューサーをやった人だ。僕は主に音楽と宣伝を担当し、音楽はミシェルに頼んだ。録音はロンドンで、演奏はロンドン交響楽団だったのだが、残念ながら僕は多忙で立ち会うことができなかった。

ミシェルの趣味は飛行機の操縦で、そこはカラヤンと似ている。最初に会った頃はアルプス越えの飛行免許というものがあるらしく、その免許を取ったことを喜んでいた。それから20年ぐらいして演奏旅行はすべて自分の操縦する飛行機にバンドメンバーを乗せてヨーロッパ中を飛び回っているという話をしてくれた。ほかにテニスや乗馬もするが、とにかく音楽が酸素のように必要で、乗客として飛行機で長距離を飛ぶ時も、指の訓練用の音の出ないピアノ鍵盤をパタパタとたたいていた。仕事が途切れるのが一番苦痛のようで、次から次へと作曲したり、演奏したりし続けている。80歳になった今も現役で、10月には日本で演奏会をやるようだ。もう一度、一緒に京都へ旅をして最近の心境を聞いてみたいものだ。

(2012年9月)

22

そして日本が馬鹿にされる理由

ここのところ日本にとって面白くないことがたくさん続いている。景気の低迷はもう20年以上にもなろうとしているし、地震、津波、原発事故で悲惨な目にあった上に、最近では領土問題で諸外国になめられっぱなしで嫌になってしまう。

経済的には国民の預貯金があるから少しの間は大丈夫だという説もあるが、その預貯金もどこでどういう風に使われているのか心配だ。中国を始めとした新興国やEUの経済成長率が上がらなくなり、日本経済の沈み方ももっと激しくなりそうだ。

僕のように外国に住む日本人が胸を張って生きていけるようになったのはこの数十年のことで、これは日本が経済的に優位なポジションを取ったことが主な理由だ。国際社会で生きていくには個人の才覚だけでなく、実家、僕の場合は日本国が元気で繁栄していることが大きな助けになる。日本が貧しい頃は、日本人といえば特に西海岸では歓迎されない移民で、まじめで従順なハウスボーイのイメージだったろう。日露戦争で辛勝したり、新渡戸稲造の『武士道』が評判になった頃に、ちょっとした日本ブームがあったようだが、経済力はたいしたものではなかったので、日本の影響力は限られていた。

だいたい一国が他の国々の人々から尊敬を受けるのは、経済力、軍事力、文化力において一目置かれるからで、国を人に言い換えれば、金があって、けんかが強くて、心が優しい男がもてるのと同じだ。日本の場合は1960年代以降経済力が突出し、良くも悪くも注目された。しかし今の日本人は金こそ持っているが、けんかは過去の歴史を反省して「やりません」と言っているので、几帳面で清潔でまじめな点は評価されていても、覇気がないと見くびられてしまうのだ。

僕がヨーロッパやアメリカで仕事を始めた1960年代後半や70年代前半、欧米では一部のインテリ以外の大多数の人たちは日本、中国、韓国の区別ができなかった。そのうち自分たちの身の回りにあるソニーやホンダの製品はどうやら日本人が作ったものらしいということがわかり始めて、日本が認識されるようになった。日本人が大挙して外国に旅行し、例えばフランスのルイ・ヴィトンに行列して鞄を買ったりしたことも、日本人の存在感を増した。店をやっているフランス人は、表面では日本人を馬鹿にしていたが、内心たくさん買ってくれてありがたいと思っていたに違いない。今は中国人がシャンゼリゼのルイ・ヴィトンに行列していて、進歩的な日本人はもはやブランドに興味を持たなくなった。

もっともバブルの頃にソニーがコロンビア映画を買い、三菱地所がロックフェラーセンターを買った時、アメリカ国民は大変に怒ったものだ。ロックフェラーセンターは冬になるとスケートリンクが作られ、そこに巨大なクリスマスツリーが飾られて多くの人がやってくるアメリカのシンボルの一つだ。コロンビア映画のトレードマークは自由の女神とそっくりで、自由の女神はイギリスからアメリカが独立する時にフランス人が贈ったアメリカのシンボルだ。

その頃、アメリカ人の知人に「アメリカ人が皇居を買ったら君はどう思うかね?」と問われたことがある。僕は「皇居は売り物じゃないよ。ビルや映画会社は売ったら儲かる人がいるから売るのでしょう」と答えておいた。

日本の経済的な成功は慢心を生んだ。失敗は成功のもとと言うが、成功は失敗のもとでもあるのだ。ワンパターンの思考が今の日本の低迷を呼んだ。

日本が今後生きていくためには、文化で影響力を持つしかないだろう。しかしアニメや〝カワイイ〟ファッションの影響力は限定的だと思う。もちろん何もないよりは数千倍いい。実際、アメリカやヨーロッパで日本語を学びたいと思っている若者の大部分は、アニメや〝カワイイ〟ファッションの愛好家だ。

今のところ日本の文化的な影響力は食べ物が群を抜いている。最近アメリカでは『Jiro Dreams of Sushi』(01年/デビッド・ゲルブ監督)が静かにヒットしている。数寄屋橋のビルの地下にある小さな寿司屋の85歳になる親父と、親父を支える若くはない息子のドキュメンタリーだ。ひたすら生真面目に美味しい寿司を作る親父の生き方がアメリカ人に感動を与えているのだ。この映画は新渡戸稲造の『武士道』と同じぐらい日本にとって価値のあるものだと思う。

(2012年10月)

追記――『Jiro Dreams of Sushi』は日本でも『二郎は鮨の夢を見る』のタイトルで2013年2月に公開された。

23

偉大な田舎に長く住む作曲家

数ヵ月ぶりに日本を訪れている。宇野亞喜良《あきら》さんの紹介で、劇団スタジオライフ代表の河内喜一朗、演出家の倉田淳の両氏と出会い、来年7月に上演される『カリオストロ伯爵夫人』（演出：倉田淳、美術：宇野亞喜良）の音楽を担当することになり、その打ち合わせにやってきたのだ。

カリオストロ伯爵夫人は青春時代のアルセーヌ・ルパンに多大な影響を与え、ルパンを〝怪盗〟に育て上げた謎の女盗賊で、絶世の美人である。修道院に残されたマリー・アントワネットの秘宝を巡り、ルパン、カリオストロ伯爵夫人、もう一組の悪党が三つどもえになって争う。原作者のモーリス・ルブランは1864年の生まれでベル・エポックのパリに暮らした。倉田さんの演出や宇野さんの美術にアール・ヌーヴォーやその時代の文化がどんなふうに取り入れられてくるのか興味深い。音楽は目いっぱいロマンチックなものにしたいと思っている。

倉田淳脚本、演出による劇団スタジオライフ公演『ファントム』を参考に観たかったので千秋楽前日に東京に到着した。『ファントム』は『オペラ座の怪人』の怪人がパリ・オペラ座に住みつくまでの人生を描いた、イギリス人作家スーザン・ケイの長編小説をもとにしている。ケイはアンドリュー・ロイド・ウェバーの『オペラ座の怪人』に触発されてこの小説を書いたのだそうだ。ウェバーのミュージカルは、ガストン・ルルーの小説に基づいている。〝怪人〟はルーアン近郊に生まれ、ロシアの宮廷やペルシャの宮廷に客人として迎えられた才人で、音楽家であり建築家であり魔術師でもある。パリのオペラガルニエと呼ばれる古いほうのオペラ座を設計したシャルル・ガルニエを助け導いてオペラ座を完成させ、その際オペラ座の地下に秘密のすみかを作ったという筋書きになっている。ガルニエは〝怪人〟が建築を学んだ美術学校（エコール・デ・ボザール）の後輩だったというちょっと苦しげな説明になっているが、空想の世界のことだからとやかく言うことでもない。

ウェバーの『怪人』で最も印象的な地下の湖を船で行く場面が倉田演出にも登場する。パリ・オペラ座の建設の際、地下水が邪魔をして建設が遅々として進まなかったので地下に大きな水槽を作ったという話は聞いたことがあるが、本当にオペラ座の地下にはいまだに貯水槽があると現地を取材した倉田さんが話してくれた。

この公演で印象的だったのは、美術と照明にイギリス人マット・キンリーとニック・シモンズを起用し、コンピューターと照明を駆使して平面の絵を立体的に見せてくれたことだった。マット・キンリーが『レ・ミゼラブル』25周年記念新バージョンの舞台美術を担当し、それを観た倉田さんが大いに感動し、口説き落としてこの公演に参加してもらったそうだ。言葉で説明するのは難しいので『ファントム』の再演の際はぜひ観てください。素晴らしいですよ。

宇野さんから1980年代に寺山修司さんと一緒に作った『上海異人娼館』を上演中ですから観ませんかと誘われて、劇団プロジェクト・ニクスの公演も観にいった。フランスのポルノ小説『O嬢の物語』を1920年代の上海に移して作られていると聞いていたので、すごいポルノなのかなと思っていたのだが、ポルノ的なシーンはごくマイルドなもので、それよりも反権力、人民革命といった主題に重点が置かれていて、当時のことを懐かしく思い出した。僕自身は当時日本に革命が起きるとはまったく思っていなかったし、どちらかといえば親米、保守派であったが、40年以上たって寺山さんや宇野さんと同じ時代を共有していたのだなという感慨が湧いてきた。宇野さんの美術、衣装は素晴らしいもので、よく次々といろいろな着想が湧いてくるものだなと感心した。

劇中、吉田日出子さんが一曲歌ったのだが、声量、声の艶が昔と同じで大変感動した。言うまでもないが、吉田さんは『上海バンスキング』のスターだ。

LAから東京にやってきてこの他に劇団四季の『ジーザス・クライスト=スーパースター』を観劇し、三代目Jソウルブラザーズの日本武道館公演、EXILEのATSUSHIのソロ演奏会、ミッキー吉野と中国古代楽器の競演などにも出かけた。来週は長谷川きよしのライブを聴きにいくほか、自分のワークショップでスタジオライブをやることになっている。

東京は本当に忙しい大都会だ。偉大な田舎、LAに長く住む作曲家には刺激がありすぎて頭がクラクラしてしまう。

（2012年11月）

24

毎朝7時に響くF♯のノイズ

僕の住んでいるドヘニー通りのサンセット通りより北の山側はサンセットヒルズと呼ばれるエリアで、昔から映画や音楽の関係者がたくさん住んでいる。

この一帯はすぐ隣にあるビバリーヒルズが開発された1900年代初頭より後、1920年代に住宅地になった。その頃からハリウッドの人たちが多く住んでいたのだが、代表格はキャサリン・ヘップバーンとスペンサー・トレイシーだろう。二人の住んだ家というのが今でも残っていて、それは僕の家から歩いていける距離にある。

そういうふうにハリウッドにとって由緒のあるところだよと教えてくれたのは、ゴルフ友達のロバート・ワグナーだった。僕がこの家に住むようになったのは、単に親友の弁護士の家と地続きで何かと便利だったからで、住み始めて何年もたって、だんだんその由緒がわかってきた。僕の家の両隣には有名な女優さんが住んでいるし、裏の小高くなったところにはもう亡くなった僕の大好きな作曲家ヘンリー・マンシーニの息子が住んでいる。

引っ越した頃、僕のうちの向かいにはケン・フリッツというPPMやジョージ・ベンソンのマネージャーだった人が住んでいて、僕たち夫婦は毎週、ケンの家でヨガをやっていた。ケンは子供たちも結婚して家を出てしまったし、夫婦二人だけでは家が大きすぎると言って、ベニスに引っ越した。ベニスといってもイタリアではなくて、サンタモニカビーチの隣にある芸術家コミュニティーがあるLAのベニスだ。

ケンの引っ越しは大変だった。奥さんが陶器のコレクターで、山ほど陶器を持っていたのと、ケンが膨大なLPレコード・コレクションを持っていたので、整理するのに半年ほどもかかった。夫婦揃ってなんでもとっておく性質《たち》だったから、子供たちが昔描いた絵だとか成績表とかなんでも残してあったのだ。

ケンが引っ越しの準備をしている頃、ケンのガレージの前にボール紙を切り抜いて作った渡辺貞夫さんの等身大の人形があったのでびっくりした。彼は一時期貞夫さんのマネージメントをやっていたことがあって、その頃日本のレコード会社が店頭ディスプレイ用に貞夫さんの人形を作ったのだそうだ。欲しいかと聞かれたが、置く場所もないし貞夫さんに送っても困るだろうと思って辞退した。その代わり、『渡辺貞夫読本』という岩浪洋三さんが編集した本をもらった。読むことのできない日本語で書かれた本までとってあるなんてすごいなと思った。僕はその本を今でも持っている。1980年の出版で、本人や岩浪さんが書いた原稿のほか、菊地雅章、林光、日野皓正、油井正一、山下洋輔、石岡瑛子といった人たちの原稿や対談が入っていて面白い。LAツアーの合間に貞夫さんが僕の家に遊びにきた時にその話をしたら笑っていた。

ケンが引っ越した後、その家には日本でいえば予備校のような受験関係の仕事をしている、僕より20歳ぐらい若い夫婦が小学生の子供たちと一緒に入った。

長く住んでいると近所の状況もどんどん変わる。ちょっと前までよちよち歩きだった隣の女優さんの子供がティーンエイジャーになり、エレキを始めた。ガレージからあまりうまくないロックバンドの音が時々聞こえてくる。そういう年齢になったんだなとほほえましく思った。昼間しかやらないのは親に言われているのだろう。

僕が引っ越してきた頃は、前述のマンシーニの息子が真夜中にバンドの練習をたびたびしてうるさいので苦情を言いにいったりしたこともあった。最近はとても静かなのでどうしているのかなと思っていたら、ある夜ピンポーンとベルが鳴り、ドアの外に彼が立っていた。とりあえず招き入れてワインを飲みながら、亡くなった彼の父親の思い出話などをしたのだが、最近はバルセロナの沖にあるイビサというマヨルカ島の隣の島で暮らしていて、時々LAに帰ってくるという。「ところで…」と来訪の目的を尋ねたら、僕の家の裏庭にあるプールの水を循環させるポンプがキーキー音をたててうるさいので何とかしてくれということだった。家にいると全然聞こえないのだが、彼の家は裏の小高くなっているところにあるのでノイズが直撃するらしい。「毎朝7時ぴったりからF♯の音でキーキーいうので気が狂いそうだ」とあわれな顔で言う。僕はすぐポンプを新品に取り換えた。僕だって夜中や早朝にF♯のノイズは聴きたくないから。

僕は夜中や早朝によくピアノを弾くのだが、幸いにも苦情はどこからも来ない。音楽に関して寛容な土地柄だからかもしれない。

（2012年12月）

第3章　2013年

コロナ・ビールをラッパ飲み

CHAPTER 3

2013〜

25 フィリップ・マーロウのＬＡ

ここのところＬＡにしては寒い冬が続いている。そして雨が何度も降った。集中豪雨からしとしと雨までいろいろで、空気のなかのあらゆる種類の塵《ちり》を水で流してしまった。一日おきぐらいに強い風が吹いていて、風のある日に裏庭に立つとシューという笛のような音が聞こえてくる。クリスマス休みで、工場や車が出すCO_2が減ってスモッグは最小限だが、わずかなスモッグもこの風ではるか遠くの海や砂漠に吹き飛ばされてしまう。

そういうわけで、今日のＬＡの空気はとてつもなく透きとおっている。サンタモニカに近いソーテル通りから買い物の帰りにオリンピック通りを東に向かって車を運転する途中、高台からハリウッドサインのある山が見えてきた。いつも冬になって空気が澄むと見える山なのだが、その上に八ヶ岳級の大きな山々が雪を頂に置いてそびえているのがくっきりと見えた。パームスプリングス付近の普段は見えない山々で２００キロほど先にある。それでこれはすごいことになったと思って山道を登り、家を通り越して家の裏山の頂上まで行ってＬＡ盆地の東西を見渡した。

正面に見える空港からその向こう側のパロスベルデス半島や、その右に見える海とカタリナ島、今まで見えたことのないサンタバーバラの沖にあるチャンネル諸島まで、写真のようにくっきりと見ることができた。東京にいても正月頃の寒い朝、首都高速を東名のほうへ走っていくと、用賀の手前あたりで真っ白な富士山が隣の家の屋根みたいにくっきり見えることがあるが、富士山までざっと130キロぐらいの距離だろうからその2倍ほどの距離にあるものがスーパーリアリズムの絵画のように見えたのだ。めったにない天然自然からの贈り物は、僕を幸福な気持ちにしてくれた。

ソーテル通りは西ロサンゼルスの日本人街で、日本人向けのスーパーマーケットやレストランなどが立ち並び、日本人のみならずアメリカ人、中国人、韓国人が寿司やラーメンを食べにくる流行の街だ。その昔に日本人の庭師が住み着いて、今でも苗木を売るナーサリーと呼ばれる広い敷地を持った店がいくつか残っている。しかしそういうナーサリーもアパート建築が増えてだんだん少なくなっていくので寂しいのだが、ちょっと裏通りを行くと盆栽のようにきれいに松を刈り込んでいる、明らかに日系人が住んでいると思われる家が多くあり、日本を感じることができる。

スーパーマーケットの2階に旭屋書店があり、そこで村上春樹が新しく翻訳したレイモンド・チャンドラーの『大いなる眠り』(39年)を買った。村上さんはチャンドラーが大好きのようで、いかにも楽しげに、丁寧に翻訳している。クリスマス休みでもあるし、ゆっくりと時間をかけて一行一行味わいながら読むことにした。

主人公の私立探偵フィリップ・マーロウは車で行ったり来たり、追跡したりされたりするので、LAの地名がたくさん出てくるのだが、一部は実在し、一部は存在しない。しかし存在しない地名であっても、実在する名前を混ぜたり、連想される言葉を使ったりしているので、マーロウの住むアパートの場所や、依頼人の邸宅の所在地がだいたい想像できる。

村上さんはスコット・フィッツジェラルドが晩年住んだ「アラーの園」というサンセット通りにあったアパートメント・ホテルを訪ねているほど凝り性の人だから、翻訳の際はLAの地図を見ながらイメージを膨らませていたに違いない。依頼人の老将軍の家はどうも僕の家のそばにあるドヘニー邸をモデルにしているようで、この広大な屋敷は現在LAの市立公園になっていて誰でも見にいける。

ドヘニー家は石油で財をなした一族だ。マーロウのアパートは、ハリウッドの繁華街の裏山にあるマジックキャッスルの麓のフランクリン通りにあると思われる。

1930年代のLAはどんな町だったのだろうか。その頃の写真をLAの歴史写真集の本で見たことがある。例えば昔A&Mレコードがあったラブレア通りなんかは道に面して建物が建っているが、その裏は何もないただの空き地で草がぼうぼうと生えていた。

『大いなる眠り』で失踪するアイルランド系の男は、禁酒法時代に危ない仕事をしていた人物で、スコット・フィッツジェラルドのギャツビーとイメージが重なる。禁酒法は1920年代を象徴する出来事の一つだ。闇で酒を飲ませる場所をスピークイージーといって、そのようなクラブやカジノがチャンドラーの小説にたくさん出てくる。『大いなる眠り』の頃には禁酒法が廃止されたので、クラブやカジノは違法ではなくなっているが、引き続きギャングが経営していた。写真集を見ると、チャンドラーの小説に出てくるナイトクラブのモデルになっていると思われる「トロカデロ」やサンタモニカの沖に停泊していた賭博船「レックス」などの写真が載っている。「レックス」には、ギャングのトニー・コルネロが所有し、運営していた賭博船で、最高の食事もできたと注釈が付いている。

写真集には当時のLA警察のチーフ、「二丁拳銃のデービス」の写真も載っている。悪名高いチーフで、いつも賄賂をもらっていた、とある。NYのハーレムのような黒人街、ダウンタウンの南にあるセントラル通りの写真も出てくる。セントラル通りは連日ジャズに明け暮れていて、そこから生まれたスターミュージシャンがワーデル・グレイやデクスター・ゴードンだ。デクスター・ゴードン自身が出演した映画『ラウンド・ミッドナイト』（86年／ベルトラン・タベルニエ監督）の舞台はパリとNYだが、デクスターはLAの出身だ。チャンドラーの小説には以上のような事実がちりばめられている。

1930年代を語る時に忘れてはいけないのは世界的な大不況で、農民や仕事のない労働者は厳しい生活を強いられていた。ジョン・スタインベックの『怒りの葡萄』も『大いなる眠り』と同じ1939年に発表されている。フランクリン・ルーズベルト大統領がニューディール政策を始め、積極的に公共投資をしたが、不況から脱出できたのは戦争になってからだ。この間、ドイツではヒトラーが政権を取り、ドイツやオーストリアから多数のユダヤ系の芸術家がＬＡに逃げてくる。アルノルト・シェーンベルクもその一人だ。チャンドラーの小説でギャングや買収された警官を相手に正義派の私立探偵、フィリップ・マーロウが活躍していた頃、シェーンベルクはＵＳＣやＵＣＬＡで12音技法の講義をしていたわけだ。こういう多様な人々が多層にわたって生きているのが都会で、ＬＡはまさに１９３０年代に都会になったと言えるだろう。

（２０１３年1月〜2月）

26

シダーズ・サイナイ病院

先日、前立腺の摘出手術をした。前立腺内に癌があったからで、幸いにして転移はなく、今は自宅で静養中だ。

手術を受けた病院はシダーズ・サイナイ病院で、自宅から車で10分ほどの近所の病院だ。映画や音楽関係の患者が多く、フランク・シナトラはこの病院で亡くなっている。敷地は六本木ヒルズの倍ぐらいの大きさだろうか。そこに十数棟の低層から中層ぐらいの建物が立ち並んでいる。建物の一つはスティーヴン・スピルバーグの寄贈でスピルバーグ棟と呼ばれている。僕の知っている日本のどの病院より巨大だ。ユダヤ系の人々が中心になって作られた病院で、

NYのマウント・サイナイ病院とは姉妹関係にある。マウント・サイナイは旧約聖書の「出エジプト記」に出てくるシナイ山で、モーゼはこの山に登り、神から十戒を授かったということになっている。

ユダヤ系が中核になっているが、医者、看護師、職員から患者まで国際連合なみに国際色豊かだ。

あっと驚いたのは、手術前の検査で骨のスキャン検査をしてくれた白人女性が、ハレ・クリシュナの衣装を着て、例のシーク教徒のようなターバンを巻いていたことだった。

1970年代、モンパルナスのクーポールへ食事に行くと、いつも路上でハレ・クリシュナの一団が太鼓をたたいて踊っていたのを見ていたので憶えていたのだ。思わず「どうしてこの衣装を着ているのですか?」と聞いてしまった。

彼女は一向に気にせずに「宗教上の理由です」と説明してくれた。さすが自由の国アメリカだと感心してしまった。

執刀医のブイ先生はベトナム人で、ダ・ヴィンチというロボットを使って手術をする。切らずに腹部に7つ穴を開けて、テレビゲームのように画面を観ながら切り取ったり縫い合わせたりする。このロボット手術のおかげで回復は早かった。ダ・ヴィンチはすでに日本にも導入されている。

看護師はフィリピン人とハワイ生まれの韓国人の女性。看護のアシスタントには屈強そうなメキシコ人男性。

麻酔医はアングロサクソンぽい人だったが、1分も会話しないうちに透明なマスクを顔にあてられてあっという間に意識がなくなってしまったのでどこから来た人かわからなかった。

病室は個室だがいつもドアが開いていて、ほかの部屋からいろいろな国の言葉が聞こえてくる。スペイン語や韓国語、イタリア語、ロシア語のほかまったく聞いたことのない言葉があちこちから聞こえる。トルコ語か？ アルメニア語か？ 手術が終わって数時間しかたっていないのに立って歩けというので、点滴の柱にすがりながら廊下を歩いていると、イスラム教の黒いスカーフを被った女性が廊下の掃除をしている。お見舞いに来たらしい中国人の一団とすれ違う。

手術をして24時間ほどたった頃、担当医のダノフ先生が僕の部屋に現れて言った。「ここでできることはすべてやり終えた。薬を処方するから自宅に帰りたければ帰ってもよろしい」

「本当ですか？ そりゃ家のほうがここより静かで居心地がいいので帰ります」と僕。

ダノフ先生は僕と同年代で昔からよく知っている人だが、この病気にかかって再会した。彼はヤマハが始めた世界歌謡祭で「ナオミの夢」を歌ってグランプリを受賞したイスラエルのデュオ、ヘドバとダビデのヘドバと結婚した。それがきっかけで知り合いになり、よく一緒にゴルフをした仲だ。

退院といってもまだ膀胱にカテーテルを挿入し、外部の袋に尿を垂れ流しにしている状態だ。

アメリカでは病院は工場のようなもので、修理は済んだからどうぞお帰りくださいという考え方で、後は自分でしっかり養生しなければならない。家内の運転で山を登り、家に着いた時はホッとした。家から病院一帯の街の灯が見える。

観念的にLAが国際都市であることは認識していたつもりだったが、これほど多様な国の人々が暮らしていることを実感したことは今までになかった。

ところで医療費のことだが、アメリカで10年以上勤務し、社会保険料を払った65歳以上の人にはメディケアという国の医療保険制度があり、ほとんど無料だった。メディケアの国家予算は軍事費についで膨大で、大統領と議会が3月末までに合意しないと1割以上予算が減る。滑り込みセーフだった。

（2013年3月）

27

ウエストコースト・ジャズ

ウエストコースト・ジャズのことを憶えている人は少数になっていると思う。1950年代にLAを中心としたカリフォルニアで起こったジャズの流れの一つで、中心的な演奏家はチェット・ベイカー、ジェリー・マリガン、ショーティー・ロジャースなどだ。別格でデイヴ・ヴルーベックの名前を挙げておいたほうがいいかもしれない。これらの演奏家が西海岸で活躍していたので、ジャーナリズムがウエストコースト・ジャズという呼び方をした。

ジャズの歴史では1930年代はビッグバンド時代だったが、1940年代以降はパーカーやガレスピーなどの小編成のバンドが前衛的なビバップの時代を作り、ビッグバンドはだんだん仕事がなくなっていく。1950年代になるとプレスリーが出てきて若い音楽ファンを総ざらいにして持っていってしまったので、ジャズファンは少数派になっていくのだが、その1950年代にちょっとだけ流行ったのがウエストコースト・ジャズだ。さっき別格枠で紹介したブルーベックは例外的な大成功を収め、大学回りのコンサートをやって学生たちの人気者になり『タイム』誌の表紙にもなった。

ジャズといえば連想されるのは、紫煙の立ちこめるナイトクラブや麻薬だった。あまり健康なイメージではなかったが、ブルーベックは明るくて健康な感じがするので一般受けしたのだと思う。大衆性があったのでマニアのジャズファンには「商業的だ」とか「あんなものはジャズではない」「スイングしていない」などと批判された。しかし4分の5拍子の「テイク・ファイヴ」は今でも多くの人に愛されている。

ウエストコースト・ジャズを定義するのは難しいが、西海岸で活躍する主に白人の音楽家が、洗練された編曲でサラッとやっているジャズ、とでも言っておこうか。編曲が重要な要素になっていて、その起源はマイルス・デイヴィスの『クールの誕生』の編曲をしたジェリー・マリガンやギル・エヴァンスあたりではないかと思う。そして編曲はヨーロッパの現代音楽に大きな影響を受けている。ブルーベックはフランスの作曲家ダリウス・ミヨーのもとで音楽理論を学んでいる。ミヨーはユダヤ系で第二次世界大戦中カリフォルニアに逃げてきてミルスカレッジで教えていた。

ブルーベックは戦後まもなくこのミルスカレッジでミヨーと出会う。変拍子をジャズに持ち込む発想はミヨーとの出会いなくして生まれなかっただろう。

ミヨーの音楽そのものはそれほどよく知らないのだが、いろいろな機会にミヨーの話を耳にする。服部克久さんと東京の和食のカウンターで偶然隣り合わせになった時も、思い出話にミヨーが出てきた。克久さんがパリのコンセルヴァトワールへの留学を終えて帰国した頃、父の服部良一さんを表敬訪問するためミヨーがわざわざ実家を訪ねてきて、その時に話をしたそうだ。

コンセルヴァトワールの大先輩で、教師も務めていたミヨーは「君はどんな音楽に興味があるのかね」と尋ねたという。克久さんは「グレゴリアン・チャントです」と答えた。ローマ・カトリック教会の聖歌だ。克久さんはコンセルヴァトワールでオリヴィエ・メシアンのアナリーゼ（楽曲分析）の授業を受けたそうだから、そんな影響もあったのかもしれない。ところがミヨーは「そうですか」と言ったきり、そこで話は途切れたそうだ。何しろミヨーといえば、同じ曲の同じ時間帯に異なる調性が同時に存在する音楽を書いていた人だから、グレゴリアン・チャントのようなハーモニーのない単旋律の音楽についてはあまり語ることがなかったのだろう。

フランス人の詩人で外交官だったポール・クローデルに関する本を読んでいたら、ブラジルに赴任する時に親友だったミヨーが一緒にくっついてきて2年ほどブラジルでぶらぶらしていたということが書いてあって、へーっと思った。クローデルはその後大使として日本に赴任し、在任中の1923年に関東大震災が起こる。その時に病院とか学校とかを視察して回ったようだ。震災後の困難な状況のなかで秩序正しく助け合って暮らす日本人を高く評価し、「もし地球が滅ぶ時、一つの人種だけ残せるのなら日本人を残すべきだ」と何かに書いたらしい。この話は外交官の谷内《やち》正太郎さんから聞いた。

記憶があやしいが、バート・バカラックもミヨーの教え子のはずだ。

ミヨーやラヴェルのようにクラシック側からジャズに興味を持つ人たちがいる一方で、ブルーベックやMJQのジョン・ルイスのようなジャズ側の人がクラシックに興味を抱くケースも多い。ジャズは本来、即興演奏を重視する音楽だが、譜面にきっちり書いたアンサンブルによるジャズをやりたいと思う人たちがウエストコースト・ジャズを作ったのだと思う。ウエストコースト・ジャズの編曲をしていた名人たち、マリガン、ピート・ルゴロ、マーティ・ペイチはすでにこの世にいないのだが、一人だけ今も健在で活躍しているのが、ビル・ホールマンだ。90歳に近いと思う。5月のビッグバンドフェスティバルに出演するのだが、そのリハーサルをやっていると聞いて練習スタジオに潜り込んだ。友人のピアニスト、クリスチャン・ジャコブがピアノを弾いているので、譜めくりのふりをしてクリスチャンの横でずっと聴いていた。まさしくウエストコースト・サウンドだった。

休憩の時に、ビルに挨拶した。「スタン・ケントン・オーケストラのためにあなたが編曲した〈My Old Flame〉が大好きで、子供の頃からよく聴いていました」と言ったら、「その曲はマーティ・ペイチが編曲したんだよ」とのことだった。55年ぐらいビルの編曲だとばかり思っていたのに。

（２０１３年４月）

追記——２０１８年５月、クリスチャン・ジャコブ宅で開かれた誕生日の夕食会でビル・ホールマン・オーケストラのリードトランペッター、カール・サンダースが話をしてくれた。１９６１年に16歳でスタン・ケントン・オーケストラに入ったカールは、最初はユーフォニウムを吹いていた。スタンはフレンチホルンを入れたかったのだが、フレンチホルン奏者でスイングできる人はいなかったので、代わりにユーフォニウムを使ったのだそうだ。当時は６トランペット、４トロンボーン、１チューバ、４ユーフォニウム、５サックスとリズムセクションという大編成。新しいサウンドを作ろうという意欲が感じられる。

28

デッドウッド(ゴールドラッシュの町)

20世紀に入ってからのLAは小説や映画から想像することができるが、それ以前はあまり資料がなく、想像するのは難しい。ほとんど人のいない砂漠に冷たい海から霧が寄せては返して、空の色がきれいだったろうなと思うぐらいで、人間の活動はフランチェスコ会士のミッションと先住民のささやかな農耕活動ぐらいだったろう。

1848年から翌年にかけてサンフランシスコ近郊で金が発見されてゴールドラッシュになり、全米そして欧州から一攫《いっかく》千金を求める人々がどっとカリフォルニアにやってきた。スタンフォード大学を作ったスタンフォードさんはそのゴールドラッシュの時、採掘道具などの販売で財をなし、その後セントラル・パシフィック鉄道を作ってとてつもない資産家になった。息子が若い頃に亡くなって、その息子の思い出に作ったのがスタンフォード大学だそうだ。

ゴールドラッシュのちょっと前に中国でアヘン戦争が起こり、香港は英国の支配下に入ったのだが、中国からも移民がどっと押し寄せ、主に鉄道建設に従事した。

以上のようなことは歴史の本を読めば書いてあることだ。しかしその頃の人々の暮らしや価値観についてはぼんやりとしかわかっていなかったのだが、最近『デッドウッド』というTVシリーズのDVDを入手して眼が開いた。

『デッドウッド』は実在するサウスダコタのゴールドラッシュの町で、実際に金が出て人々が殺到する。時代は下がって1870年代のことだ。テレビシリーズには面白い番組がたくさんあるらしいが、特に『デッドウッド』は相当に人気があったようでシーズン3まである。1シーズン12話として36話あるわけだが、ハマって全部観てしまった。今でも実際に存在するデッドウッド町の歴史研究家たちが資料を提供し、元締めになる作家兼プロデューサーが複数の作家と監督を指揮して作ったようだ。

金が出るので世界中から人が集まってくる。ノルウェーからやってきた家族、この家族は盗賊に殺され、生き残った孤児の少女が英語を学びながら育っていく。ウィーンから来たユダヤ人、この人は準主役で金採掘の道具を売る店を経営している。コーニッシュという英国のケルト系の人々は大資本の金山で働く労働者で英語ができない。ロシア人は、英語に訛《なま》りがあるが無線技師としてデッドウッドにやってくる。中国人は準主役で小さいながらもチャイナタウンのボスで、死体の処理からアヘンの密売まで手掛けるが、何年たっても英語ができない。

『デッドウッド』ではこういう外国人たちと前からいるアメリカ人が一緒に暮らしている。もっとも前からいるアメリカ人だってもとはどこかから来た外国人だ。数年後にはアメリカ合衆国の準州として併合されていくのだが、ストーリーが始まる時点ではどこにも属さない辺境の寄り合い所帯で、法も秩序もない。道は舗装されていないから雨が降ると水浸しになる。町外れに行くと強盗がいるし、もっと遠くに行けば先住民に襲われる。鉄道はまだ完成していないので駅馬車が主要な交通機関で、やがて電柱が建って電報がやりとりできるようになるといった状況で、競争は激しく、弱肉強食を絵に描いたようなところだ。やってきた人々は採掘道具や金の鉱区の権利を買い、金を掘り当てて喜ぶが、おっとどっこい、酒場や賭博や売春婦に金を吸い上げられてしまう。挙げ句の果てに後からやってきた企業家に採掘権を買いたたかれて売り払い、次の場所を求めて旅立っていく。こういう企業家や、税金を要求する合衆国政府や、伝染病からコミュニティーを守るために町の人々は結束して自治体を形成するようになる。普段は競争相手の酒場の親父連中、ホテル経営者、新聞の発行人などが世話人になって、選挙で市長やシェリフを選ぼうとするあたりで話は終わっている。こういう町の自治を巡る話を中心に、西部で伝説的だった人々、先住民との戦いで全滅した第七騎兵隊のカスター将軍や、ワイルド・ビル・ヒコック、〝疫病神（カラミティ）〟ジェーンなど西部劇でお馴染みの実在した人物たちが登場する。

　暴力対暴力の戦いでたやすく人は死ぬ。非力な女性も小型拳銃デリンジャーを隠し持ち、いざという時は男の頭を撃って身をかばう。そういった暴力支配のなかでも子供たちを教育したり、町の衛生状況を良くしたり、病人を世話したりする善い人々もいる。キリストの教えを広めようと自己犠牲をいとわない宣教師も出てくる。劇場を開いて演劇をやる芸術家たちもいる。このテレビシリーズを観て、僕が知っているＬＡの人たちは『デッドウッド』の登場人物の子孫たちなのだなとしみじみ思う。どうりで大ヒットするわけだ。

（2013年5月）

29 国境の南

『LAタイムズ』の電子版を見ていたら、アメリカ人の3割が英語を話せないという記事を見つけた。僕の実感としては全米平均で3割、LAだけでいえば5割ぐらいの人が英語を話せないか、話せても片言ではないかと思う。中国語や韓国語を話している人もいるだろうし、家族でやっているイタリアンレストランなんかに行くと店の人同士はイタリア語でしゃべっていて、ここはイタリアかと思うようなことがある。

従兄弟の娘がLAに遊びにきて、ダウンタウンと勘違いしてモンタレーパークの中国人街でバスを降りてしまい、道行く人に英語で道を尋ねたが、誰も英語をしゃべれずに立ち往生したことがある。でも皆親切で10分ほどのうちに英語のできる人を連れてきてくれたので、無事にうちに帰ってきた。

非英語のいろいろな言語のなかで、圧倒的多数の人が話しているのはスペイン語だ。カーラジオをつけてラジオ局を片っ端からサーチしていくと、スペイン語放送が半分ぐらいある。もともとカリフォルニアはメキシコのもので19世紀半ばにアメリカがメキシコから武力で強奪した土地だ。お金は払ったとか歴史の本に書いてあるが、涙銭だったろう。

ゴルフの時、仲の良いメキシコ人のキャディーが言った。「アメリカに土地を取られたけど、メキシコ人がいっぱいいるから、ここはメキシコみたいなもので、結局、同じことですよ」メキシコの国境の町、ティファーナはハーブ・アルパートのティファーナ・ブラスというバンド名になっているし、「サウス・オブ・ザ・ボーダー」(国境の南)という曲もたぶんこの町のことを歌っているのだろう。それで親しみを感じてLAに引っ越してすぐに家族連れで見物に出かけた。

サンディエゴから30分も走ると国境の検問所があって、その向こうはもうティファーナだ。国境を越えたとたんに道がごみだらけで貧しさが感じられ、ちょっとショックだった。ハリウッドの時代にスターがよく来たというレストランで食事をしたのだが、名物料理がシーザーズサラダだとウエイターが言った。シーザーズサラダはジュリアス・シーザーと何か関係があるのではないかと思っていたのだが、このレストランのシーザーさんが発明したのだそうだ。

その後子供たちをシマウマに乗せ、ソンブレロをかぶせて写真を撮る商売をしている人がいたので、記念に1枚撮ってもらった。シマウマと思った馬は、何と黒いペンキを縞模様に塗った白いロバで、みんなで笑い転げてしまった。今でも家族が集まると、あの白いロバは可哀想だったね、などと話題になる。

最近は麻薬のギャングが撃ち合いをしたりして危ないというイメージがあるので行っていない。もっとも一昨日、サンタモニカで頭のおかしくなった人が無差別に5人もの人を射殺した事件があったから、アメリカにいても安全というわけではないのだが。

メキシコはアメリカと自由貿易協定を結び、経済も良くなっているという話を聞くが、やはりアメリカのほうが暮らしやすいのか、合法、非合法を問わず移住してくるメキシコ人は多い。メキシコ人だけでなく、グアテマラやエルサルバドルから陸路メキシコを通って密入国する人もたくさんいる。

闇夜に川を泳いで渡るとか、二重底になっているバスやトラックに隠れて入国すると聞いている。大変な危険を冒しても仕事を求め、良い生活を求めてアメリカにやってくるのだ。

実際LAに暮らしていると、これらのスペイン語を話す人たち、ヒスパニックがいないと生活が成り立たないことがわかる。庭師、家の掃除、子守り、駐車係などはほとんどヒスパニックが担っている。

うちの庭師もメキシコ人だ。アメリカに移民してまじめに働き、息子を大学に送った。息子は銀行員になった。親父は息子をとても誇りにしている。20世紀の前半はLAの庭師といえば日本人だったのだが、いま日本人の庭師はほとんどいない。子孫は医者や弁護士になって活躍している。

非合法にアメリカに入国したヒスパニックでいまだに国籍を取っていない、いわゆる違法移民が850万人くらいいるらしく、オバマ大統領は彼らにアメリカ国籍を与えようとしているのだが、共和党が大反対している。これらの人々が民主党の大票田になってしまうからだ。

スーパーに行くとメキシコのビールをたくさん売っている。僕のお気に入りはコロナという銘柄で、4つ割りにしたライムを瓶にねじ込んでラッパ飲みするのが夏の夕方の楽しみだ。コップに注いでライムを搾るより、どういうわけか美味しく感じられる。


（2013年6月）

30 完成間近、アルセーヌ・ルパンの音楽

劇団スタジオライフの『カリオストロ伯爵夫人』の音楽を書いている。あと数曲の伴奏音楽を書き終えれば完成で、7月4日から東京・新宿のシアターサンモールで2週間余り公演される。『カリオストロ伯爵夫人』はアルセーヌ・ルパンの若い頃の話で、ルパン・シリーズがすっかり有名になった1924年に出版された。

『てりとりぃ』同人の宇野亞喜良さんのご紹介でスタジオライフの代表河内さん、演出・脚本の倉田さんとお会いして意気投合し、この企画を引き受けることになったのは昨年の夏だった。まず、最初にモーリス・ルブラン原作の日本語訳がLAに送られてきた。少年時代以来

ご無沙汰していたルパンの世界との再会だ。少年時代に読んだのは子供向けに書き直された冒険小説で、痛快なルパンの活躍しか記憶になく、大人になって読む本物はものすごく面白かった。当然だが、子供向けの本には男女の愛と憎しみのことなどは割愛されていた。改めて読んで、ルパンは颯爽《さっそう》とマントを翻すだけでなく、実は深い悲しみを持った男だったことを知った。

時は19世紀末、ベル・エポックの時代で、話の始まりは1870年代、普仏戦争でフランスが敗れた頃だ。舞台になるのはパリとノルマンディー地方。セーヌ川はパリの東側から入って西のほうに抜けて流れ、最後に英仏海峡のあたりの海にたどり着くのだが、ストーリーはこの一帯を馬車や船が行ったり来たりしながら展開していく。

南仏はLAほど極端ではないものの、乾燥していて夏はけっこう暑くなるのだが、ノルマンディー地方は霧や雨が多く、それほど暑くならない。そのため草木はいつも緑色に輝いている。やわらかでいい草を食べた牛からは美味しい牛乳がとれる。美味しい牛乳からはカマンベールを代表とした一連の美味しいチーズが作られる。春から初夏にかけていい草を食べて育った子羊を焼いたのは本当に美味しい。海辺だから新鮮な魚も手に入る。ブドウの栽培には適していないようで、人々はリンゴから作った酒のシードルやカルバドスを飲んでいる。もちろんフランスの他の地方から持ってきたワインを飲む人もたくさんいる。ともかくノルマンディーと聞くと美味しい食べ物が連想されるのだが、この小説は食べ物のことに何も触れていない。登場人物は修道院に隠された宝探しに夢中で、食べたり飲んだりしている暇はないようだ。

映画『男と女』（66年／クロード・ルルーシュ監督）は子供たちをノルマンディーのドーヴィルの寄宿舎に預けているパリ在住の父親と母親の恋愛の話で、フランシス・レイが〝ダバダバダ…〟という有名な音楽を書いている。毎週末、父親はパリから車で、母親は電車でドーヴィルまでやってくる。両方とも独身だ。それでいろいろになっていくのだが、終わりのほうのラブシーンに心臓の音がドク…ドク…と鳴っている上に歌が乗ってくる場面がある。河内さん、倉田さんがＬＡまで打ち合わせに来てくれて、芝居の伴奏音楽の相談をしていたら、倉田さんが、心臓がドキ…ドキ…とするような音を使いたい、というので『男と女』のそのシーンを皆でもう一回見直してみた。考えていたほど大きな音でなく、ティンパニーを小さな音で鳴らせばそういう音に近くなるだろうと考えた。4分の5拍子の4拍と5拍目にド、クと書いた。

古い映画を観ていると、ついこの間だったのにという感じがする。

『男と女』の主演のジャン＝ルイ・トランティニャンが出ている『愛、アムール』（2012年）を最近観たばかりだ。『愛、アムール』は今年アカデミー賞外国映画賞をとったミヒャエル・ハネケ監督の名画で、ジャン＝ルイは障害のある老妻の看護をする老人の役を演じている。老妻は元ピアノ教師で、映画の冒頭シャンゼリゼ劇場で弟子がピアノ・リサイタルをし、楽屋で弟子を励ました後、夫婦でバスに乗って自宅に帰るシーンがリアルだった。このシーンはもちろんモンテーニュ通りにあるシャンゼリゼ劇場でロケしている。シャンゼリゼ劇場はアール・

デコの建物で、ここで1913年にストラヴィンスキーがロシア・バレエ団に書いた『春の祭典』が初演された。ルパンの原作者モーリス・ルブランの生きた時代と重なっている。ジャン＝ルイが年寄りの役をやっているということは、僕もそういう年齢になっているということだ。
今度のルパンの話も老境に入らんとするルパンが、若かりし頃に出会った悪魔のように残虐で美しいカリオストロ伯爵夫人との関係を告白する形でストーリーが進んでいく。僕の音楽も若い頃は書けなかったようなものになりつつあるが、いつまでも音楽ができるのはなんと幸せなことかと感じている。

（2013年7月）

31

カリオストロを見届けて

LAについてもう30回ほど書いてきたが、僕の知っていることなんかはほんの一部のことで、LAについてすべて語ることは到底できない。さまざまな言語を持ったさまざまな人種で構成されている人口1000万人を超す大都会には、僕には想像もできないような数千、数万の物語があるに違いない。
19世紀フランスの文豪バルザックは、ありとあらゆる人間を書き尽くすのだと言ってかなりの分量の小説を書きまくった。16世紀末から17世紀に多くの劇を書いたシェイクスピアは、人間に関わるありとあらゆる言葉を残した。すべての物語はこの二人の天才によって語られたかといえば、イエスでもありノーでもある。

イエスという根拠は人間が持っている基本的な事柄は変わらないということで、ノーという根拠はテクノロジーの進化によってもたらされた人口の増加や情報量の増大に伴う世界の変化が新しい物語を作っているということだ。人類はかつて経験したことのない地点にまで来てしまったようだ。

7月の前半は僕が作曲した劇団スタジオライフの『音楽劇アルセーヌ・ルパン カリオストロ伯爵夫人』の舞台稽古から10日ほどの間、新宿・花園のシアターサンモールに毎晩つめていた。毎日会社に通うように劇場に足を運び、脚本・演出の倉田淳さんと3階の照明室から舞台を観た。音楽も芝居も生だから毎日変化していくので面白かった。芝居がはねた後は、招待客やスタッフ、演奏家や俳優たちと居酒屋や小さなイタリア料理屋で毎晩酒盛りをして楽しかった。

新宿はあまりよく知らない街だが、この劇場付近は1970年代からのアングラ演劇の伝統のせいかちょっと芸術的な気分が流れていて、大きなペルシャ猫が2匹いるコーヒー屋さんや、意外に美味しいのでびっくりした寿司屋とか、劇団員全員で行っても破産しない程度の値段の居酒屋などがあって、すっかり好きになってしまった。手頃な値段で美味しい食事ができ、そこそこのワインも飲めるということは文化度が高いということにほかならない。

幸い劇は大当たりで連日超満員だった。そのまま最後まで劇と酒盛りをやっていたかったのだが、千秋楽を待たずにLAに取って返した。理由はサンタバーバラのウエストモント・カレッジでチェロの岩崎洸さんのトリオがこの劇中音楽のピアノトリオ版を4曲演奏してくれることになったからだ。

毎年7月にウエストモント・カレッジでモンテシト国際音楽祭があり、マスタークラスが3週間行われている。教授陣が素晴らしく、3年前はチェロの巨匠シュタルケルが指導をしていた現場を岩崎さんのおかげで見ることができた。シュタルケルは残念ながら今年の4月に亡くなった。

週に何回か教授陣によるコンサートが企画されていて、以前から岩崎さんに「何か書いてよ」と言われていたので、劇の音楽のトリオ版の譜面を送ったら「やろう」ということになったのだ。演奏は岩崎さんのチェロと奥様の百理枝さんのピアノ、エマニュエル・ボロックさんのバイオリンだった。ボロックさんはジョン・ウィリアムズが指揮者だった頃のボストン・ポップスのコンサートマスターだ。皆で昼食を共にした後、軽くリハーサルをやって夜の本番に臨んだ。

プログラムはベートーベンとブラームスの間に僕の曲が入るという恐れ多いものだったが、僕の曲のエンターテインメント性というかサービス精神に観客が反応し、喝采を浴びて嬉しかった。こうやって並べて聴くと200年前のベートーベンも150年前のブラームスも僕にはとてもかなわないような頭脳の持ち主だということがわかった。同時に二人の音楽は、日本語でいえば候文のようなもので、僕の音楽は軽い口語なんだなーという印象を持った。

（2013年8月）

32 ノアの箱船1

役所から手紙が来て僕の7年もののベンツのスモッグ・テストを受けろと言っている。LAの空気がかなり良くなったのは、マスキー法とかいう自動車の排ガス規制によるところが大きい。古い車はこの法律をクリアできるかどうか、定期的にテストを受けなくてはいけない。インターネットで近所のテスト場所を探して出かけた。テストに20分ほどかかるというので付近を散歩した。

スモッグ・テスト場のあるピコ通りはいつも車で通っている道だが、歩いてみると車からは見えないものが見えてくる。最初に気が付いたのは看板の多くが英語ではなくペルシャ語で書かれていることだ。

1979年のイスラム革命の時に多数のイラン人がLAに亡命した。イスラム革命は極端な貧富の差とシャーの秘密警察、SAVAKへの人民の憎悪が原因となって起こり、パリに亡命していたホメイニ師が復活し、イランは近代化路線からイスラム教主導の国へと逆戻りした。

革命直後にSAVAKの長官だった人がパリの表通りで真っ昼間に射殺された報道写真を見て衝撃を受けたことを憶えている。この革命中にアメリカ大使館員は人質に取られたが、何人かは脱出に成功した。この事実に基づいた映画『アルゴ』（2012年／ベン・アフレック監督・主演）はゴールデングローブ賞及びアカデミー賞を受賞した。LAに逃げてきた人たちは旧体制の人たちだから、金持ちで西欧的教養を身に付けた者も少なからずいた。一方で動乱を逃れて着の身着のままで亡命してきた人たちもたくさんいたに違いない。

どうもこの付近はそういったイランから来た人たちが多く住んでいるところらしい。好奇心に駆られて小さな食料品店に入ってみた。小ぶりな店で野菜を中心に冷凍した鶏肉や牛肉などが並んでいる。何かイランらしいものはないかと探したが、日本のキュウリに似たサイズで味が全然違うペルシャキュウリのほかは何も発見できなかった。隣はペルシャ料理店だ。機会がなくてまだペルシャ料理店に入ったことはなく、いまだに謎の料理だ。その隣は中古の時計屋さんで、ロレックスやオメガのかなり古びた腕時計がショーウインドウに陳列されている。

一回りしてテスト場に戻ってくると、すでにテストは終わったらしく、合格の証明書の写しをくれた。テストを担当した大男が大きな声で何かを叫んだ。すると僕の背後でもう一人の大男が僕のわからない言語で返事をした。それで「何語をしゃべっているの？」と質問したら「アルメニア語です」と英語で教えてくれた。

アルメニアはイランとトルコの間にある小国で、ノアの方舟が流れ着いたと言われるアララト山が今もアルメニア人の誇りなのだが、アララト山はトルコ領になってしまった。イスラムに囲まれたキリスト教の国である。

僕にはどういうわけかアルメニア人やアルメニア人の血をひいた知り合いが多い。作曲家ミシェル・ルグランの母親、アトランティック・レコードの創業者・故アーメット・アーティガンの奥さんで、有名な室内装飾家のミカ、歌手のシャルル・アズナヴールなどだ。そういえば息子が小学生の頃、校庭で転んで額がパックリ割れた時に縫合してくれたビバリーヒルズの整形外科医もアルメニア人だった。僕の行く近所のジムの地下深くで、洗車をしてくれる人たちも全員アルメニア人で、とても丁寧に洗車してくれる。パトリス・ルコント監督の映画『髪結いの亭主』（90年）に出てくる引退した床屋も本当はデュプレというフランス人なのだが、アゴビアンというアルメニア人の名前を使って仕事をしていた。劇中「アルメニア人の名前のほうがエキゾチックで魅力的だと考えたのだよ」という台詞《せりふ》が出てくる。芸術的な仕事に優れた人種なのかもしれない。

オルハン・パムクというイスタンブール生まれのトルコ人の作家がいて、僕は彼の書いた『雪』という小説を新聞の書評を見て読んだことがある。トルコのアルメニアとの国境に近い町で起こる小さな軍事革命の話だが、近代化とイスラムの間を揺れるトルコの人々の心を幻想的に描いた秀作で、今も心に残っている。

パムクは2006年にノーベル文学賞を受賞するのだが、100年ほど前のオスマン帝国のアルメニア人虐殺がナチスのユダヤ人ジェノサイドに等しい悪行だと認識するべきだと発言して一部のトルコ人の怒りを買い、現在はトルコを離れてNYのコロンビア大学の中東言語文化学科の教授をしている。

僕がなぜトルコの作家に興味を持ったかといえば、やはり親友だった前述のアーメット・アーティガンがトルコ人だったからだ。アーメットの父親は1920年代にトルコの近代化を進めたケマル・アタテュルクを支えたトルコ共和国の法律家・外交官で、後に駐米トルコ大使になった。アーメットは父親の勤務先であったロンドンやワシントンDCで兄のネスヒと共にジャズが大好きになり、第二次世界大戦後にアトランティック・レコードを創業した。僕はアーティガン兄弟が制作したMJQ（モダン・ジャズ・カルテット）やチャーリー・ミンガスを聴いて音楽をやるようになった。

トルコの近代化は明治維新を手本にしたものだったと言われている。伝統的なものを捨てても、急速に近代化、西欧化しなければ生き延びていけなかった非西欧国の生き方の見本を日本に見たのだろう。

アーメットはLAに来ると必ず電話をくれて一緒に食事をした。ある時はトルコ総領事の家の内輪の夕食会に連れていってくれて、トルコの家庭料理を食べたこともある。野菜中心でさっぱりしたものだった。総領事はアンザイさんという人で、日本にもアンザイさんはたくさんいるよと話したけど、あのアンザイさんは今ではトルコ政府の高官になっているに違いない。

（2013年9月）

33

ノアの箱船2

トルコ総領事公邸のある一帯はビバリーヒルズより以前に開発されたハンコック・パークと呼ばれる古い高級住宅地で、広壮な住宅が立ち並んでいる。ダウンタウンから西に10キロほどのところに位置し、日本総領事公邸もここにある。そこからさらに10キロ西に行くと、ビバリーヒルズになり、そこからベルエア、ブレントウッド、パシフィックパリセーズと高級住宅街が西へ西へと延びて太平洋にぶつかり、太平洋沿岸を北上してマリブに至る。

1950年代初めにダウンタウンが空洞化し、中心部に貧民が入り込んだ。中産階級の住宅が郊外へスプロールしていった現象が全米で見受けられたが、LAの場合も同じで、住宅が西へ、西へと発達した。とはいえ近年のダウンタウンの再開発は目を見張るものがあって、音楽でいえばディズニー・コンサートホール、スポーツでいえばステープルズセンターが文字通り音楽とスポーツの殿堂として輝いている。しかし一部にはホームレスや失業者がたむろする不潔で危険なエリアもあるから、のんびり散歩などはしないほうがいい。

ハンコック・パークのすぐ東側は韓国街でハングル文字がずらりとならんでいる。韓国軍はアメリカにとって朝鮮戦争やベトナム戦争の友軍であったから、アメリカは韓国人を受け入れたのだろう。その頃の移民が膨大に増殖して巨大なコリアタウンが誕生した。そのまた東はヒスパニックの街で、ここはメキシコかと思うほどの中南米的乱雑さに満ちた街並みだ。この二つの地帯の南側が黒人の住むエリアで、これらの重なり合う三角地帯でLAの暴動が起こった。1992年のことで、白人の警官が黒人を不当に殴ったという裁判で警官が無罪になったのが直接の原因だったが、増大するヒスパニックと韓国人に黒人が強い反感を持ち、韓国人経営のスーパーや酒屋、クリーニング屋などを襲撃して商品を奪い、火を放った。これに対抗して韓国人は自警団を組織しライフルで反撃した。

僕はこの時まだ東京にいたのだが、LAの事務所で仕事をしていた同僚のアイラ・ジャフィが電話をしてきて「今テレビを観ているんだけど、韓国人がライフルを持って屋根に上がったぞ……。あ、撃った！　しばらく来ないほうがいいんじゃないか」と言った。しかし引っ越しの荷物はすでに太平洋の船のなか。「すぐ収まるよ。予定通り行きます」と返事をしてLAに引っ越してきた。

暴動のあったあたりのスーパーの焼け跡などを見学して「やれやれ、恐ろしいところへ来たものだ」と思っていたら、翌々年の1月にロサンゼルス地震が起き、家の壁はひびだらけになってしまった。この頃のアメリカの景気は悪く、赤信号で車を止めて待っているとピストルを持った男が車を乗っ取る〝カージャック〟というのが流行っていて、赤信号で停止する時にはドアに鍵をかけ、脱出できるだけのスペースを確保するように心がけていた。

サンタモニカの崖の上にはホームレスがたくさんいて、会社のパーティーでスペアリブやピザが余るとアイラはホームレスに届けにいった。「明日はわが身かもしれないからな……」と言っていたのが印象的だった。

クラリネット奏者のアーティ・ショーが自分の生い立ちと1920年代のNYの話をしているジャズの歴史のドキュメンタリーを観ていたら、アーティが「その頃のNYの移民の子供はジャズミュージシャンになるかギャングになるかで、それ以外の選択肢はなかった」と語っていた。今のアメリカ社会の若い人たちはもう少し選択肢が増えているとは思うが、大学を出ても4人に1人しか就職先がないとか、就職しても給料が安いので、借金した高い学費を返済できなくて困っているといった話が耳に入ってくる。

一方、金融業その他で大金持ちになる人はびっくりするほどのお金を持っていて、自家用機で世界中を飛び回っている。例の1パーセントの人々だ。

最近、娘がベトナム縦断のバックパック旅行から帰ってきて、見てきたことを話してくれた。貧しい人々は路上で昼食をするのだが、フォーを入れたバケツを二人で棒にさして運び、皆そこから取り分けて食べていたそうだ。それで少し分けてもらって食べたらなかなか美味しかったという。人々は極めて親切だったらしい。一方で、いまだに共産主義のキャンペーンをやっていて、反政府的なことをいえば逮捕されるのではないかと恐れを感じたという。LAのベトナム人街でフォーをただで分けてくれる人はいないだろうが、言論の自由だけはあることになっているのが救いだ。それに、もし運が良ければ移民の子供でも1パーセントクラブに入会し、大統領になれる可能性がないわけでもない。

（2013年10月）

34 弦楽と打楽器とチェレスタのための音楽

「モツレク」というのはモーツァルトのレクイエムのことで、日本のクラシック関係者なら誰でも知っていることらしい。〝モツ〟が〝もつの煮込み〟のもつと同じ音なので最初に聞いた時はびっくりした。本誌に寄稿している本城和治《まさはる》さんのディレクションのもとで、テンプターズの「エメラルドの伝説」や森山良子さんの曲を書いている頃に本城さんが教えてくれたことだ。「フォーレク」はフォーレのレクイエムで、こんなことはクラシック好きには常識らしいが、僕のようなもぐりのクラシック愛好家には新しい知識だった。どういうわけかドビュッシーとラヴェルの弦楽四重奏曲がカップリングになっているCDが何種類もあって、楽譜もこの2曲がペアで売られている。これにも何か簡略な呼び方があって忘れてしまったが、今度本城さんに聞いてみるつもりだ。

それで「弦チェレ」というのがあって、これは正式には「弦楽器と打楽器とチェレスタのための音楽」と呼ばれる曲で、1930年代にハンガリー人のベラ・バルトークが作曲した。もっともバルトークが生まれた頃、ハンガリーはオーストリア=ハンガリー二重帝国の一部だったから、ウィーンの影響が多大である。

若い頃からレコードで聴いていたが、生演奏を聴く機会がなく、先週初めてサロネン指揮のロサンゼルス・フィルで本物を聴くことができた。

多くの作曲家がそうであるが、頭のなかに構築する音の世界を忠実に再現してほしいので、バルトークは楽器の位置を細かく指定している。

中央一番前、指揮者の真ん前にハープ、その後ろの左にチェレスタ、右にピアノ、ピアノは蓋を取り去り、縦に置いてある。その後ろに管楽器、そのまた後ろに打楽器奏者が3人、弦が左右に振り分けてあるが、コントラバスが左右両方に配置してある。

何か特別な意味があるのかなと考えていたのだが、一緒に聴きにいったピアニストのクリスチャン・ジャコブが演奏の後、コントラバスは左右共に同じ音を弾いていたと教えてくれた。バルトークは左右両方から低音が響いてくるようにしたかったのだろう。

チェレスタはピアノと比べると音量が小さい楽器だが、ちゃんと聞こえるところにうまく使われている。後半の一部でチェレスタ奏者がピアノの低音部を演奏し、ピアノが4手で弾かれる。こういうのはレコードを聴いているだけではわからない。スコアを見ていればわかるのだろうけど、生演奏でビジュアライズされると納得の度合いが大きい。

何度も書いているが、電気を通さない生の楽器の音は素晴らしい。上等な料理のように淡白でありながら深い味わいがあり、いかにも体に良さそうな消化しやすい音が細胞にじわじわと沁み込んでくる。ロサンゼルス・フィルの演奏は大変満足できるものであった。

（2013年11月）

追記――先日、ピアニストの小菅優さんのフェイスブックを見ていたら「今日はラフマの2番と3番の練習で難しいのでくたびれた」と書いてあった。「ラフマってラフマニノフですか？」と質問すると「そうです。日本のクラシックの人は、ベソナ、チャイコン、タコ5とか短く言うのです」と返事があった。ベソナはベートーベンのソナタ、チャイコンはチャイコフスキーのコンチェルトとすぐわかったが、タコ5とはなんだろうと考え続けて、翌日はっとひらめいた。ショスタコーヴィチの交響曲第5番だ！

35

LAの馬

自動車の先祖は馬車に違いない。その証拠にこの車は〝馬力〟があるとか言うではないか。キャブリオレとかクーペとか馬車の時代のスタイルを示す言葉が今の車にも使われている。

馬の代わりにエンジンを載せた自動車が登場するのは19世紀末だったが、恐ろしく高価なもので、王侯貴族、大ブルジョワの専有物だったろう。

馬車を維持するのは大変だったに違いない。今、東京やNYやパリのような都会で自動車を所有するのは駐車スペースが高くついて大変だができないこともない。だが、自分の家なりアパートに馬がいて、馬の食事その他世話をする人がいて、御者が住み込んでいる生活は、現代の都会生活では絶対に無理だろう。

もし経済的な問題を無視して無理やりに馬車を持ったとしよう。そうすると、夜寝ている時に馬が〝ヒヒーン〟と鳴く声が聞こえてきたりするのだろうか。馬糞が臭いといって近所から苦情がくるに違いない。

フォルカー・シュレンドルフ監督がジェレミー・アイアンズとアラン・ドロンを主演に撮った『スワンの恋』(83年)は、マルセル・プルーストの小説『失われた時を求めて』の一部分を映画化したもので、劇中には馬車がたくさん出てくる。19世紀末のパリの話だ。

主人公のスワンはユダヤ系の株式仲買人で美術に造詣が深く、大貴族のゲルマント公爵夫妻と懇意にしている。この役を演じたのがジェレミー・アイアンズ。そして、ゲルマント家の親戚で、いささかエキセントリックだが魅力的な同性愛者シャルリュス男爵を演じたのがアラン・ドロンだ。その他、成り上がりのブルジョワ女性ヴェルデュラン夫人などが馬車を乗り回して、音楽会や食事会やオペラ見物に出かける。パリのすごいところは交通標識と店の看板を外して馬車を走らせて撮影すれば、そのまま世紀末のパリになってしまうところだ。

映画の終わりのところでスワンとシャルリュス男爵がテュイルリー公園のベンチに腰を下ろし人生について語り合っている。二人ともちょっと白髪が出て老いを感じさせる。このシーンに馬車にまじって自動車が通り過ぎる。時代が19世紀から20世紀に変わっていることを示すもので、さりげなく影のような自動車が通り過ぎるだけだが、印象が深く、後に残る。僕はこういう映画を作る人が大好きだ。

自動車を大衆のものにしたのはアメリカのヘンリー・フォードだろう。ヘンリー・フォードはエンジニアで一時エジソンの会社で働いていたが、独立してフォード自動車会社を作る。ちょっと偏執狂のようなところがあって、流れ作業をどんどん合理化し、短い時間で大量のT型フォードを作ることに情熱を燃やす。そしてコストが下がると価格もどんどん下げたので、1924年には一台の価格が290ドルほどになり、一年で160万台以上を売ったという。フォードで働く従業員の日給が5ドルだったそうで、計算すると年収の5分の1ほどで買えたわけだ。広い国土を幌馬車や駅馬車で渡り歩いていた国柄の人たちだから皆どんどん買ったのだろう。何しろカリフォルニア州の面積は日本全部の面積よりも大きいという国だ。ＬＡからワシントンＤＣまで駕籠《かご》に乗って大名行列をしたらいつまでたっても到着しないだろう。

自動車が大衆化した頃に発展したＬＡは自動車用に作られている。人口が増えて住宅が不足すればハイウェイやフリーウェイの先に住宅開発をしてきたので、とんでもなく広がった。その大きさは関東平野の何倍もあるが、大きすぎて想像もできない。広大な地域から毎日何百万人の人が車で通勤し、学校に行くわけだから、朝夕渋滞が起こる。これはＬＡの負った宿命のようなものだ。しかし、空間が広いので、渋滞のない時なら都心から車で30〜40分ぐらいの距離のところに、馬に乗って散歩ができるトレイルが付いた住宅がたくさんある。日本人が多く住んでいるパロスベルデスや北のほうのカラバサスなどだ。本当に、夜寝ていると馬が〝ヒヒーン〟と鳴く家に住むことができるのだ。ＬＡが偉大な田舎だと言われる由縁はそのあたりにある。

（２０１３年12月）

追記――トレイルとは馬が歩く専用道で、何キロも続く長いものだ。住宅開発の時に計画的に作られたのだろう。馬でしか行けない山の上のバーなんかもあるそうだ。

第4章　2014年〜2015年

曲は歌って書け

CHAPTER 4

2014〜2015

36
LAの正月

LAの正月はちょっと間が抜けていて、いまだにしっくりこない。最大の理由は時差が日本と17時間もあり、日本の元日の午前零時がLAでは大晦日《おおみそか》の朝の7時になるからである。日本で「あけましておめでとう」と言って初詣をしている時に、こちらはやっと大晦日の朝なのだ。正月は日付変更線の西側から始まって、日本、中国、中近東、東ヨーロッパ、西ヨーロッパを経てアメリカ合衆国東海岸に至り、NY名物のタイムズスクエアのカウントダウンが毎年テレビ放送されるが、その時LAはまだ大晦日の午後9時だ。中西部から大草原、ロッキー山脈や砂漠やシエラネバダ山脈を越えて西海岸が元日になるにはそれから3時間かかる。その間に世界人口の大多数の人々が「おめでとう」を言ってしまって、残りがLAに来るわけで、元旦の喜びも気の抜けたシャンパンみたいになってしまう。ハワイの元日はLAの3時間後になり、驚くことにそのわずか4時間後には日本は1月2日の午前零時になってしまう。

LAは日本よりだいぶ暖かく、夜でも摂氏10度を切ることは少なく、昼は20度を超えることもあるので、それも正月気分にならない原因になっている。なんと言っても僕の生まれ育った日本の正月は、西高東低の気圧配置で青空に空っ風が吹いて寒くないといけない。それでいて昼頃の太陽が暖かく、ガラス戸を閉めた縁側は気持ちの良い暖かさに満ちていて、陽が落ちるとたちまち気温が下がるというのが僕の正月だった。

1月2日から仕事が始まるのもせわしくて興が乗らない一因だ。2日から何事もなかったように日常の仕事が始まる。除夜の鐘が鳴って一年のことを過去として消去し、まったく新しい年を迎えるのは台風の後のさわやかさに似て日本の正月を明るく清らかなものにする。たとえ三日坊主に終わろうと〝今年は日記をつけてやろう〟というように新年の決意をする気になることができるのだが、LAではその暇もなく日常に戻ってしまう。

僕がLAについて書こうと思ったのは〝LAっていったいどういうところなんだろう?〟という疑問が自分のなかにあったからで、いまだにLAがどんなところかぼんやりとしかわからないのだが、書くことによって少しはLAを理解し、愛着が持てるようになった。仕事の関係でLAに最初に来たのは1970年のことで〝なんか変なところだな〟と思った。住むようになって「こんな文化のないところに住むのは真っ平ごめんだ」とずいぶん妻に言っていたらしい。新しい町だからすべてがまがいものに見えるのだ。

しかしこの地に逃亡してきた人たち、ロシア革命から逃れてきたラフマニノフ、ナチスから逃れてきたシェーンベルクやミヨー、文学ではトーマス・マンなどのことを調べると、この極西の町がちゃんと西欧の文化伝統を否定的にも肯定的にも受け継いでいることがわかる。逃亡者は異端者だったり難民だったりするのだが、アジア側から来た中国、ベトナム、韓国、イランなどからの難民、そして米国内からの黒人という難民がLAに西欧の伝統とは別の色合いを作ってきた。

チャーリー・ミンガスやオーネット・コールマンのようなジャズの歴史で重要な黒人たちがLAにゆかりがあることは改めて調べたのでわかったことだった。

金策に困ったフィッツジェラルドも難民としてやってきて、ハリウッドの脚本を書きながらLAで客死した。古くから住む先住民やヒスパニックは、もとは欧州からの異端者や難民だった白人の力の支配下に置かれてきたが、今やヒスパニックが人口の半分を占めて白人は少数派になろうとしている。TPPに日本が参加するための交渉が始まっているが、世界で最も激しく変化しているのは環太平洋でありLAはその中心の一つだろう。

しかしながら僕にとってのLAは、やはりチェット・ベイカーのトランペットの物憂い音色やレイモンド・チャンドラーの小説に出てくる依頼人の老将軍の温室の湿った温もりにほかならない。

（2014年1月）

37

ジャックはピアノをだますか

僕は毎朝起きるとまず台所でコーヒーをひと口飲む。すぐピアノのある部屋に行ってピアノの前に座り、コーヒーカップをサイドテーブルに置いてポツン、ポツンとその時書いている曲や気になっている和音を弾いている。もうこれは習慣になっていて何年も続いている。だから旅行に行ってピアノがない部屋に泊まっていると、なんだか手持ち無沙汰で朝のリズムが狂ってしまう。

ある朝ピアノを弾いていたら、位置的にはおへその右前あたりのFが音が出たり出なかったりすることに気が付いた。その日の午後にピアノの名手クリスチャン・ジャコブが僕の家でやるコンサートの打ち合わせにきたので、そのFの鍵盤を見てもらった。ゆっくり弾けば音が出るのだが、連打すると黙ってしまう。僕のピアノは、ベーゼンドルファーという長さ2メートルの小型グランドピアノ。十数年前に奮発して買ったもので、今まで無故障だったのに、初めての故障だ。修理代が高くついたらいやだなと思って、クリスチャンにどう思うか聞いたら「調律師がさっとほこりを払えば直ってしまうぐらい簡単に直るよ」とのことだった。

早速、調律師のジム・ウィルソンに電話して症状を話したら「それは99%チーティングジャックですよ」と言う。ピアノとの付き合いは長いがチーティングジャックという言葉は初めて聞いた。僕は尋ねた。「ジム、それはアメリカや英語を母国語とする国で一般的に使われている言葉なの?」「そうですよ。少なくとも調律師の世界ではね」とジム。

頭のなかに僕が中学生の頃に流行していたハンク・ウィリアムズの歌う「Your Cheatin' Heart」が浮かんだ。なんだか情けない声で「Your Cheatin' Heart」と歌い出すのだが、それが妙に心に訴えかけてくる。日本のカントリー歌手たちも揃ってこの歌を歌ったが、それぞれにどれだけ情けない感じで歌うかを競い合っていたものだ。

チートとは人をだますとか、裏切るとか、ごまかすといった意味だが、ピアノの場合は〝ごまかしジャック〟とでも訳したらいいのだろうか。やっぱり〝Cheatin' Jack〟と英語で書いたほうが感じは出る。

翌日ジムがやってきて、いきなりピアノの前に座り「Your Cheatin' Heart」を弾き出した。やっぱりね、と思った。LAの調律師はミュージシャン上がりが多い。ジムの前に僕のピアノを調律していたジム・アムロットは、昔スタン・ケントン・オーケストラのベーストロンボーン奏者だった。僕はその時代の録音を子供の頃からよく聴いていたので、彼が調律に来ると仕事の後、よく思い出話をしてもらったものだ。マーティ・ペイチやビル・ホールマンのアレンジの素晴らしさについてはいつも意見が一致した。ジム・アムロットは10年ほど前に引退した。

2代目のジムもミュージシャンで、一度などはビルボードライブ東京でスティーヴン・ビショップと共演したライブに招待してくれた。その時、彼はギターを弾いていた。テキサス生まれでカントリーバンドをやっていたのだが、そのバンドのベース奏者が調律師で、見ていてかっこいいなと思って調律師の学校へ行くことにしたのだそうだ。

まず譜面台と鍵盤の左右の部分を取り外し、ピアノの鍵盤とアクション部分を机の引き出しを抜き出すように本体から外し、毛布を敷いたピアノの上部に載せる。普段は見えないピアノのアクション部分には精巧な機械の美しさがある。ずらりと並んだフェルトでできたハンマー、どういうメカニズムになっているかよくわからないが、ともかく見ていてきれいな機械だ。フェラーリの12気筒エンジンなんかと似た趣がある。ジムは簡単に問題のある箇所を発見した。ハンマーと鍵盤をつなぐ木製の小さな部品に問題があった。この部品が折れ曲がるところを支える針の先ぐらいの部品がいかれていたのだ。ジムは仕事箱から小さな部品を取り出し、外科医のような手つきで入れ替えた。

ピアノを元に戻してFを連打したらちゃんと反応する。専門家というのはすごいものだ。僕には手も足も出ないことをさっとやってのける。

修理の3日後、友人を十数人招いて自宅コンサートをやった。5月14日に銀座のヤマハホールでコンサートを開くことになったから、気のおけない友人にその小手調べをしてもらおうという趣旨だ。

ヤマハホールは音響がいいと評判になっている。僕は今、ノーマイク、生音《なまおと》の音楽に凝っているので、クリスチャンのピアノのほか、バイオリン、チェロといった生楽器で僕の作品を聴いてもらおうと思っている。

自宅コンサートでは、クリスチャンがピアノを弾き、昨年僕が書いた「カリオストロ伯爵夫人」を録音したカラブリア・フォティ（バイオリン）とアルメン・サジキアン（チェロ）が演奏した。軽くリハーサルをやって、本番前の休憩の時にアルメンに「白ワインがあるけど飲みますか？」

と尋ねたら、ちょっと迷っていたが「飲む」と言い、「飲むとビブラートが増えるんだよね」と付け加えた。

その夜の演奏は感情のこもった素晴らしいものになった。狭い部屋で生楽器をガーンと弾くとすごい迫力だ。同時に小さな音の細かいニュアンスもくっきりと聞こえてくる。ヤマハホールが楽しみだ。

（2014年2月）

38

運動しなければLAで生存することはできない

東京やNYのような都会からLAに引っ越してきた人たちの多くは、当初、運動不足に悩む。東京やNYでは知らず知らずのうちにずいぶん歩いているものだ。ちょっと近所のコンビニまで買い物に行く、迷路のような地下道を歩いて地下鉄を乗り継ぐ。それで一日の終わりにどのぐらい歩いたかを考えると、軽く1時間以上は歩いている。NYも同じで、2キロぐらいの距離なら地下鉄やタクシーより歩いたほうが早い。だからニューヨーカーは早足でパカパカと歩く。

LAではちょっと近所のスーパーまで歩いていくことはない。街が歩くようにできていないのだ。LAに引っ越してすぐ、家から坂を下ったサンセット通りにあるハンバーガー店に家族全員で歩いていったことがあるのだが、行きはともかく、帰りの上り坂がきつくて二度と徒歩でサンセット通りに行かなくなった。

それで僕のような自宅で仕事をする人間でも、一日に最低1時間は車で移動することになる。会社に通っている人は一日2時間ならいいほうで、ひどいと一日4時間以上も自動車のなかで過ごすことになる。

そんなことになれば運動不足になり、体に問題が出てくるのだが、いろいろ解決法がある。天気がいいからテニス、ゴルフ、水泳などのスポーツをする、自転車に乗る、海岸を走る、たくさんあるハイキングコースを歩く……などだが、手っ取り早いのはジムに行くことである。各種の筋トレ機械、自転車類、トレッド・ミルなど最新式の運動マシンを取り揃えたジムがあちこちにある。たいてい朝の5時ぐらいからやっていて、通勤前の人たちが大汗をかきながらトレッド・ミルで走っている。

僕も運動不足を解消するため週に二回ほどジムに行くほか、ゴルフを歩いてやる（アメリカではカートでやるという人も多いのだ）。それから家の周りの山道を一周30分ほどかけて歩く。

家から10分もかからないサンセット通りに最新式の清潔なジムがあり、数年前から通っている。サンセット・プラザと呼ばれるちょっと洒落《しゃれ》た地域で、大昔には『77 Sunset Strip（サンセット77）』というテレビ映画の撮影が行われた。粋な店やレストランが並んでいて、その横のビルの1階と2階にジムはある。

ジムの会員は30〜40代が中心で、ファッショナブルな土地柄だから有名な俳優もいるらしいのだが、何しろこちらはマイケル・ダグラス以降の俳優の名前と顔が一致しないくらいなので、真偽のほどはわからない。

でも、若い人たちに混じってトレーニングしていると、自分も若い気分になってくるからいい。ただし音楽が大きな音でかかっているのには閉口する。だいたい僕は、音楽はちゃんと聴く時にだけあればいい。BGMのたぐいをエレベーターのなかで無理やりに聴かされるのは大嫌いだ。先日、全日空の人に「当社のサービス向上のために、何かございましたらお聞かせください」と言われたので「搭乗中に繰り返し同じ音楽がかかるので苦痛を感じます。ぜひ無音でお願いします」と答えたが、どうも僕は少数派のようだ。「そのようなご意見は初めて伺いましたが、関係者に伝えます」と言われてしまった。


ジムに行くほかゴルフもやるが、こちらはマージャンと一緒で、前もって4人揃えなければならないので面倒だ。だから夕方、仕事の後に一人か家内と9ホールだけやることが多いのだが、その時間帯で年中出くわすのが作曲家のジョン・ウィリアムズだ。ジョンもほとんどいつも一人だ。同じクラブに20年以上在籍していて何度か一緒にプレーしたこともある。ジョンはユニバーサル・スタジオに仕事場があって、夕方まで仕事をして、その後にゴルフ場に来るのだ。

名門の映画スタジオに事務所なり仕事場があるというのはハリウッドでは最高の名誉で、僕の友人では、亡くなったジェームズ・クラヴェルが、昔メルローズ通りのパラマウントに仕事場を持っていたので訪ねていったことがある。ジェームズはスティーヴ・マックイーンが主演した『大脱走』(63年/ジョン・スタージェス監督)の脚本を書いた後、小説『将軍』を書いた元英国海軍の軍人で、太平洋戦争の緒戦で日本軍の捕虜となり、シンガポールのチャンギに囚われていた経験を持つ。

彼とは気が合って、『将軍』をブロードウェイでやろうということになり、僕が奔走して『ラ・マンチャの男』の脚本家のデール・ワッサーマンを連れてきた。3人で食事をしながら構想を語り合ったが、ひと月ほどしてジェームズに会ったら、ワッサーマンとの間に何があったかわからないが「あいつは最低な奴だ」と一刀両断に切り捨て、この話は流れた。

その頃、メルローズ通りのパラマウント・スタジオ内にあるジェームズの仕事場を訪れた。映画スタジオの別棟に別にどうということはない木造2階建ての事務棟があり、その一室が彼の仕事場だった。

印象深いのはメルローズ通りに面したゲートで、そこではいつも守衛が人の出入りを監視していた。ビリー・ワイルダー監督の『サンセット大通り』(50年)の劇中、落ちぶれた大女優を演じたグロリア・スワンソンがロールス・ロイスのオープンカーでたびたびパラマウントを訪れ、その都度、古くから勤める守衛に大スターとして丁重に扱われるシーンがある。大女優はそこで自分が大スターだということを確認し、心が安らぐのだ。守衛も大女優に昔からの友達のような感情を抱いている。そのゲートは今も昔のまま残されている。

ジェームズには日本軍の捕虜になった時の話など、もっと聞きたいことがたくさんあったのだけど、彼がフランスのニースに引っ越して以来なかなか会う機会がなく、そのうちに亡くなってしまったので残念だ。

話をLAにおける運動不足の解消について戻さなければいけない。僕の行くジムには60人ほどのトレーナーがいて、そのなかの一人、ジェニファー・デイヴィスにインタビューした（以下村井は**M**、ジェニファーは**J**とする）。

M どこで生まれたのですか?

J イリノイ州の田舎町で、住人は600人ぐらいでした。子供の頃から運動が好きで、どんなスポーツもやりましたが、陸上とバスケットボールがメインでした。バスケットで奨学金を出してくれる大学もあったのですが、ノース・ウエスタン大学に行きました。

M 成績がかなり良くないと入れない名門大学ですよね。

J 成績はいいほうでした。それでアメフトのチアリーダーになったのです。在学中にノース・

ウエスタンが全米大会で優勝しました。ラッキーな経験でした。大学ではスピーチを専攻しましたが、運動科学のクラスも取りました。

M LAにはいつ来たのですか?

J 大学を出て少したってからです。しばらく公立学校の体育教師をやって、栄養、体の鍛錬、解剖学、ヨガ、自衛などを教えていました。

M 自衛とは?

J 空手を教えたんです。放課後には陸上も教えました。肥満児には、健康な生活が送れるように教えました。長時間のゲームやコンピューターでいつも前かがみになっているから、体のどこかが痛いという子供が多いのです。

M どこが痛くなるのですか?

J 腰、膝、肩ですね。体の全部の部位をスムーズに動かすことができるようにするのが大切です。

M トレーナーになるには弁護士や医師のような免許がいるのですか?

J 弁護士や医師のような全米共通のものはありませんが、私はNASM(National Academy of Sports Medicine/全米スポーツ医学協会)の免許とピラティスの免許を持っています。そのほか私の所属するジムの教育機関で年に一度最新のテクニックを学びます。

M 弁護士も何年に一度か研修を受けますが、それと同じですね。

J そうです。私はペイン・マネージメントとリハビリ後の状態に興味を持っています。父が脊髄の手術を二回受けたので、痛みから人を救いたいといつも思っていましたから。

M 土地柄、俳優のクライアントも多いと思うのですが、僕の知り合いのジャック・ニコルソンが役柄に合わせて体重を増やしたり減らしたりしているのを見ています。そうしたクライアントとはどんなトレーニングをするのですか？

J 私自身、俳優の経験があります。カメラは本当に細かいところまで精密に映しますから、微細な体の動きが重要です。例えば若い人が老人の役をやるとか、老人が若い人の役をやる時は、数ヵ月間、週に5回、毎回2時間ほどトレーニングをします。自分の体がどう動くのかを客観的に知ることが大事なのです。

M ボディービルについてどう思いますか？

J カリフォルニア州知事になったシュワルツェネッガーもボディービルダーだったし、マッスル・ビーチと言われるベニス・ビーチもLA名物ですけど問題外ですね。健康で幸せな体づくりとは違う世界です。ステロイドを使う人も多いので。

ところで、6月の初め、ホルヘ・カランドレリが編曲・指揮をしているキャピトルのAスタジオを訪れた。僕が大編成オーケストラの録音を聴くのが大好きなのを彼は知っていて、わざわざ呼んでくれたのだ。エンジニアはアル・シュミットだった。お互いに数年ぶりの再会を喜んだ。アルは半世紀にわたって名盤を録音してきた伝説のエンジニアで、特に大編成の弦楽器を録らせたら最高だ。プロデューサーのトミー・リピューマと組んで録音したクラウス・オガーマン編曲のジョアン・ジルベルトのレコードなんかはとてもうまくできているから、「こうした大編成だったら、やっぱりアルじゃなければ」と業界の誰もが思ってしまう。

アルは僕より年上だが、前に会った時より元気そうで、体が引き締まっていて若々しい。「若返ったね！」と言ったら、「ピラティスをやっているんだよ」と嬉しそうに話してくれた。

ジェニファーはピラティスも教えているので、ピラティスについて質問した。

M ピラティスというのは人の名前ですか？

J そうです。ドイツ人の看護師だったジョセフ・ピラティスが始めた体操です。ジョセフは第一次世界大戦の時に従軍し、イギリス軍の捕虜になり、マン島にあった捕虜収容所の病院で、戦傷者のリハビリに従事していました。

M マン島というのは聞いたことがあるな。確か1960年代にオートバイのレースでホンダが優勝して〝世界のホンダ〟になったゆかりの地で、アイルランドと英国の間にある島ですね。どんなリハビリだったのだろう。

J 寝たきりになっている怪我人でも、動かせる足や腕の筋肉を使って体操をすることによって回復が早くなります。

M　僕は去年入院して手術をしたんだけど、麻酔からさめたらすぐに歩かされた。筋肉を失わないようにすること、血行を良くして血栓ができないようにすることが目的だと医者が説明してくれた。同じ原理だね。

J　ジョセフは第一次世界大戦の後、1926年にNYに移民してきて、ピラティス・ジムを始めたのです。彼はボクサーでもあったので、最初はボクシングジムのなかで体操を教えたのです。

M　最近『アルセーヌ・ルパン』の音楽を書いた時に原作を読んだのだけど、ルパンの父親はボクシングや体操の先生で、ルパンは父親に教えてもらったので格闘が強く、飛んだり跳ねたりするのが得意だったと書いてあった。ジョセフもルパンの父親みたいな人だったんですね。時代も重なっている。

J　ピラティスには、いろいろな運動器具があります。リフォーマーという器具は、捕虜収容所にあったベッドのスプリングを利用したものです。簡単な材料でいろいろな運動器具を考えるのがうまかったのです。NYのジムの隣にはダンス教室があって、ダンサーがたくさん習いにきました。怪我をするダンサーが多いので、リハビリにやってきたのです。そうしたダンサーから口コミでブロードウェイやリンカーン・センターに出演している俳優やバレエダンサーが集まってきて有名になりました。ビビアン・リーやサー・ローレンス・オリビエも生徒だったそうです。

M　どういうことを教えてくれるのですか？

J　しっかりした体幹を作ること。それによって背骨の一つひとつの間にスペースがとれるようにすること。体の表面にある大きな筋肉より、内側にある小さな筋肉を鍛えるのです。そういう筋肉は意識しにくいので、意識できるようになるには訓練が必要です。小さな筋肉を意識的にコントロールできるようになると、自分の体がどんな状態か客観的に理解できるようになります。それに呼吸が大事です。痛みがあるところに向かって息を吸い込みます。どんな動きをする時も息を止めてはいけません。

M　俳優に対してはどんなことを教えますか？

J　特別なことはありませんが、顔のアップを撮る時に、こめかみとあごの筋肉をリラックスさせるようにします。体全体がリラックスしていることが重要です。

M　いろいろと教えてくれてありがとう。

J　どういたしまして。

背筋を伸ばして姿勢を良くし、正しく呼吸してリラックスすれば、アルのように年齢を重ねても元気で働けるということだ。

（2014年3月〜4月、7月）

39

銀座ヤマハホールのコンサート

5月14日に銀座ヤマハホールでコンサートを開き、『てりとりぃ』の同人、宇野亞喜良さんを始め大勢の人たちに来てもらった。翌日は恒例の『てりとりぃ』パーティーに参加した。いつもＬＤＫスタジオのビルでやっていたのだが、今度が最後だ。このビルが近々取り壊しになるからだ。目の前の護国寺に抜ける大通りが、地震時の緊急避難道路に指定され、一定の耐震性が必要とされることになったのだ。ＬＤＫのビルは三方を他のビルに囲まれ、耐震工事ができないので、取り壊すほかなくなった。最後のパーティーということで、ずいぶん盛り上がった。2階のスタジオでは江草啓太さん、島健さん、コンサートで来日中のクリスチャン・ジャコブと僕がピアノを弾き、島田歌穂さんと槇みちるさんが歌った。ホームパーティーとしてはとてもぜいたくな音楽会で、みんなが聴きほれてしまった。その後、1階のスタジオで前日のコンサートのライブ録音の一部を試聴したのも、スタジオの歴史の最後を飾る記念になった。コンサートは生の音をマイクなしで楽しんでもらおうという主旨で、その点では大成功だったと思う。ピン一本落としても聞こえるような環境でのコンサートだから、音が闇から生まれ、闇に消えてゆくはかなさが感じられたはずだ。〝闇から闇〟とはショパンの言葉だ。もう一つショパンが言ったのは「自分のピアノのお手本は人の歌う歌で、歌うように弾くことが最高だ」ということで、これらはピアニストの関孝弘さんが僕に教えてくれた。
今回出演したバイオリンの川久保賜紀さん、チェロの遠藤真理さん、ギターの村治奏一さん、バンドネオンの三浦一馬さんなどは、実によく歌う演奏をしてくれて最高だった。クリスチャンもピアノでこんな音がするのかというぐらいやわらかさと強さを持った歌う演奏だった。最後に歌った森麻季さんは、歌を歌らしくのびやかに歌ってくれた。ミシェル・ルグランに教わった〝曲は歌いながら書け〟ということを再度思い出した。

村井邦彦作品発表コンサート演奏曲目（2014年5月14日：銀座・ヤマハホール）

―

第一部

1　或る日突然（1969）
2　リコレクション（2012）
3　サリー・ウィズ・ザ・フリンジ・オン・トップ（1943）
4　セプテンバー・ソング（1938）
5　ジャイアント・ステップス（1959）
6　ハウ・ロング・ハズ・ジス・ビン・ゴーイング・オン（1928）
7　エチュード4番F♯長調（1908）

8　虹と雪のバラード（1972）

―

第二部

「音楽劇〝カリオストロ伯爵夫人〟」（2013）より

9　序曲

10　隠された秘宝

11　クラリス

12　恋人たちの悲痛な歓び

13　俺にはできない、まっとうな人生

14　アルセーヌ・ルパン

15　フェリシダデ（1959）

16　カヴァティーナ（1978）

17　トリステーザ（1965）

18　つばめが来る頃（2010）

19　ドレッタの夢（1917）（歌劇「つばめ」より）

20　翼をください（1971）

《アンコール》

21　虹と雪のバラード（1972）

―

演奏者

ピアノ：村井邦彦（1、2）／クリスチャン・ジャコブ（3～14、20、21）／三船《みふね》優子（18、19、20）
バイオリン：川久保賜紀（1、2、9～14、20）
チェロ：遠藤真理（9～14、20）
ギター：村治奏一（15、16、17、20）
ソプラノ：森麻季（18、19、20）
ヴォーカル：島田歌穂、槇みちる、平林龍、宮坂勇一郎（20）
バンドネオン：三浦一馬（20）
アルセーヌ・ルパン：曽世海司《そぜかいじ》「スタジオライフ」（9～14）

（2014年5月）

40

ハリウッドボウルで聴くジェームス・テイラー

ハリウッドボウルに行ってジェームス・テイラーを聴いてきた。バックバンドがスティーヴ・ガッドのバンドでどんなことをやっているのか興味があったのだ。

最近は年齢のせいかハリウッドボウルに行くには相当な覚悟がいる。この1万7千人収容の野外音楽堂は行きも帰りも渋滞になり、特に駐車が大変だ。駐車は詰め込み式で、出る時は端から順々に一台ずつ出ていくので、後ろのほうになると駐車場を出るだけで1時間以上かかってしまう。温度差にも注意が必要だ。LAの夜は急激に気温が下がる。昼間は暑いので油断してシャツ一枚で行ったりしたら、終演の頃には歯がガチガチいうほど寒くなる。一度経験すると知恵がついて、最近は3段階の気温に対応できるように、シャツ、セーター、上着を持っていくようにしている。万一に備えてその上にマフラーと毛布も持っていく。前のほうの座席は、キャンバス布の折りたたみ椅子で長時間座ると腰が痛くなる。

これらの艱難辛苦《かんなんしんく》を覚悟して行くのだからいいこともある。まず、ああ今年も夏になったな、という季節感。それぞれにピクニック弁当を持って楽しそうな家族や仲間たちを見ている幸福感。枝豆をつまみにビールを飲みながら音楽を聴くカジュアル感。渋滞を抜けてやっと家にたどり着いた時に感じる〝やったぜ〟という達成感などが嬉しい。

音楽は久しぶりの電気増幅、PAサウンドのコンサートだ。画質の良い大型スクリーンとステージを半分ずつ観ながらの音楽鑑賞だった。

生の音は一切聞こえてこないわけだから、家でDVDを観ているのと同じだなと最初は思ったが、だんだんと慣れてくるにつれ、生身の人間が演奏し、たくさんの聴衆が反応するので、僕も乗ってきた。前半の終わり頃にキャロル・キングが書いた「You've Got a Friend」を聴いて、あまりにも懐かしいのでホロリと涙が出てしまった。これも老化のせいか。この曲は1970年代に僕が日本のサブ・パブリッシャーだった。それでずいぶん東京とLAを行ったり来たりしていたのだが、当時、ルー・アドラーがキャロルの録音現場に連れていってくれた。A&Mのスタジオだった。いろいろな思い出があって、それが40年も前のことだったというのが信じられない。なんと速く時が流れていってしまったのだろうか。

ステージの上を見れば、ジェームスがたぶん66歳、スティーヴが確か僕と同い年の69歳、大半が60歳以上の音楽家たちだ。みんな名人で、しかもいろいろな体験をしてきたのだろうなと思わせる円熟味のある演奏で感心した。音楽って年をとったほうが良くなるのかもしれない。

編成はドラムがガッド、パーカッションがルイス・コンテ、トランペットがウォルト・ファウラー、その他にやたらにうまいエレキギター、キーボード、テナーサックスとフルートと縦笛を演奏する人、ナッシュビルから来た女性のバイオリン弾き。この人はカントリー・ウエスタンのバイオリンの第一人者だそうで、音色からしてカントリーの音がする。あの音色でチャイコフスキーを弾いたらどんなことになるのか興味が湧く。コーラス部隊は女性2名、男性2名でそれぞれにソングライターとして実績のある人たちだそうだ。男の一方は黒人で、この人がコンサートの終わりのほうになって、ゴスペル調で歌ったら素晴らしかった。

なかなか優れた人選をするものだと感心したのだが、みな短くて10年、長い人は30年以上ジェームスと一緒にやっていて、家族のようなものらしい。

この後、5週間にわたってツアーに出るという。明日はフェニックスだと終演後にウォルトが言っていた。二日演奏して一日か二日休む。その連続だそうだ。機材と人を乗せたでっかいトラックとバスで移動する。バスには快適なベッドが付いているらしいが、移動は14時間ほどかかることもあるようで、じいさんたち頑張っているなと驚き、感心した。最後の週はマサチューセッツ州のタングルウッド音楽祭で演奏するのだそうだ。

僕も頑張らなきゃと思ったが、ここまで書いたところでもう腰が痛くなってきた。

（2014年6月）

41

リン・ハレルのマスタークラス

チェロ奏者の岩崎洸さんに招かれて、リン・ハレルというチェロの名人のマスタークラスを聴講した。岩崎さん夫妻が毎夏参加している3週間にわたる弦楽奏者のためのマスタークラスのハイライトだ。去年まではサンタバーバラの大学でやっていたが、今年はＬＡの西にあるサザンオークスにある大学で行われた。

マスタークラスというのはかなり上手な生徒が4人ほど、それぞれ7〜8分の音楽を弾き、先生がアドバイスしたり、実際に弾いて見せたりする様子を大勢の生徒が聞いて勉強するクラスだ。ハレル先生の指導であっという間にいい演奏に変わっていくのを目の当たりにして、すごいなと思った。

ハレル先生が皆に言っていたのは、チェロを弾く時の体の使い方だった。背筋を伸ばしてなるべく高い位置から弾くこと。弓は腕で弾くのでなく、肩を使って弾くのだという。そうすれば手やひじが硬くならず、重力をうまく使って大きな響きを出せる。ピアノの名手、クリスチャン・ジャコブから聞いた話と似ている。下半身をどっしりさせて、手や腕はやわらかくし、重力を使って弾くのだそうだ。

次に印象に残ったのは〝歌うように弾け〟ということだった。譜面に書かれた音を機械的に弾くのでなく、その楽譜に込められた作曲者の気持ちを解釈して、歌手のように、あるいは俳優のように、悲しみ、怒り、やさしさ、寂しさ、温かさを表現しろということだ。これもミシェル・ルグランに教えてもらった〝曲は歌って書け〟に通じる。

生徒の一人がエドワード・エルガーの書いた「チェロ協奏曲ホ短調」の4楽章を弾いた時、

ハレル先生は生徒に尋ねた。「この曲は誰が書きましたか？」。生徒が「エルガーです」と答える。「どこの国の人ですか？」「英国人です」「いつ書かれたのですか？」。ここで生徒は答えられなくなった。

ハレル先生は言う。「この曲は1918年に書かれました。1918年はヨーロッパでは第一次世界大戦の最中で、人類の歴史でかつてないほど大勢の人が死亡し、負傷しました。ヨーロッパ中の人々がショックを受けたのですが、エルガーも大いに心を痛めました。この曲にはエルガーの悲痛な怒りがこめられています。そういう歴史的な背景を勉強することも演奏家にとって大事なことです」

実は僕は今、英国のテレビドラマシリーズ『ダウントン・アビー』にはまっていて、毎夜一話ずつ観ている。かつて七つの海を支配した大英帝国の没落を、ロンドン近郊に大邸宅を構える貴族の家族と彼らの生活を支える執事、召し使い、料理人、女中たちの日常を通じて描いている。話が始まるのは1912年、タイタニック号の遭難で跡取りが行方不明になる。跡継ぎをどうするか、3人の娘たちの婿をどうするかということが中心となって話が進んでいくが、時代が変わり、貴族の財政状態も芳《かんば》しくない。それでもキツネ狩りやキジ撃ちなどをして昔ながらの生活をしているのだが、世の中には女性の参政権問題、階級間の闘争などの新しい風が吹いてくる。

1914年には第一次世界大戦が始まり、跡取り候補の縁戚の男と若い下男が北フランスの戦線で負傷し、跡取り候補は車椅子の生活になり、下男は死亡する。描かれる戦闘場面は北フランスの塹壕《ざんごう》戦で、以前本で読んだり、映画で観たりしたことがあるが、実に凄惨なものであった。大戦中にロシア革命が起き、ロシア皇帝ニコライ二世一家が殺される。貴族の館は領地にある病院が傷病兵であふれてしまったので、一部を病院として軍が使うことになる。このあたりが1918年である。1918年11月に戦争は終わるのだが、戦争が残した傷跡は大きい。

エルガーの曲は重苦しい不協和音を多用し、確かにその時代を描いている。初めて聴いたが、名曲だと思った。

第一次世界大戦の後半にはアメリカも参戦し、アメリカの将兵もヨーロッパに渡る。なかには黒人だけで編成された部隊があり、その部隊の軍楽隊がジャズを演奏したという。何人かは戦後パリやロンドンに戻り、クラブで演奏をしていたと思われる。

最近、レ・フレールという斎藤守也・圭土兄弟がピアノを4手で連弾するユニットを聴いた。兄弟ともルクセンブルクのコンセルヴァトワールの出身だ。前回日本に行った時にコンサートへ行き、その後楽屋でお二人とちょっと話をしたのだが、弟の圭士さんはブギウギが好きで、ドイツ人のブギウギの名人と競演しているという。

ヨーロッパのブギウギやジャズのルーツは第一次世界大戦の時代にまでさかのぼることができるのではないかと想像する。

（2014年8月）

42

LAとパリ

LAの夏は世界で最も過ごしやすいうちに入るだろう。特に海岸近くでは、海から冷たい風が入り込み、夜になるとセーターが必要になるぐらい気温が下がる。冬の寒さもごくマイルドなもので、零度以下になることはまったくない。

そのためLAは、東海岸や中西部、南部の人たちの避暑、避寒の土地として発展してきた。今でも「HOLLYWOOD」と書いた看板が山の上にあるが、これはもともと不動産屋の広告だったという話は有名だ。20世紀初頭に猛暑のテキサスや、酷寒のシカゴから人々がやってきた。

雨が降らず、撮影に便利なので、東海岸の映画人が来て、ハリウッドといえば映画の都ということになった。映画はトーキーになり、音楽が必要とされて、アメリカはもちろん、世界中から音楽家がどっとLAに流れ込んだ。なかにはイゴール・ストラヴィンスキーもいたが、結局映画の仕事はなかったようだ。映画のプロデューサーに「作曲にどのぐらいの期間が必要か?」と聞かれて「2年」と答えたからだと言われている。

僕が初めてLAを訪れたのは1970年だが、当時はLAの音楽産業の大隆盛時代で、サンセット大通りには録音スタジオがずらっと並んでいた。ライブハウスも盛況で、サンセットの

「ウィスキー・ア・ゴー・ゴー」、サンタモニカ通りの「トルバドール」などでは、多くのスターミュージシャンが毎夜演奏していた。しかし、ライブハウスは今でも健在だが、録音スタジオはほとんどなくなってしまった。

その頃、僕はキャロル・キング、マック・デイヴィス、ニール・セダカなどの作家を抱えていた音楽出版社スクリーン・ジェムズ・コロンビアのサブ・パブリッシャーをやっていた。

僕がいつも泊まるホテルは、イーグルスの『ホテル・カリフォルニア』のジャケットで有名なビバリーヒルズホテルで、サンセット通りにある。東に向かってサンセット大通りを走ると10分ほどでラブレア通りがあり、ラブレア通りを越えた左側にある3階建ての何とも風情のないビルにスクリーン・ジェムズの本社があった。ホテルから会社まで一回も角を曲がらずに行けた。つまり、LAではボーッと運転していても会社に着けるというわけだ。ラブレア通りにあったA&Mレコードやヴァイン通りに今でもあるキャピトル・レコードなど、たいていのところは2、3回角を曲がれば着いてしまう単純な構造を持った町だ。

同じ頃、フランスのエディ・バークレイの音楽出版のサブ・パブリッシャーもやっていたのだが、この会社はパリのミロメニル街にあり、19世紀後半に作られたパリらしい雰囲気のある建物だった。そんな、ドビュッシーやエリック・サティなどが作曲していた時代の建物のなかで、当時のヒットソング、例えば後にポール・アンカが英詞を書いた「マイ・ウェイ」(原題「Comme d' habitude」)などが鳴り響いていたわけだ。ミロメニル街は一方通行なので、凱旋門近くのホテルから車を運転していくとぐるぐると何回も角を曲がらなければいけない。一方通行が多いので、どこをどう通るかかなり頭を使ったものだ。

パリでは町中が自動車競走のようだった。右側優先が徹底していて、凱旋門の周りを逆時計回りに走る車の渦に飛び込むと、左側の車はみんな道をあけてくれた。ルールを知っていれば問題なく走れるのだが、めまぐるしかった。一方、LAのサンセット通りを走る自動車はどれも大きく、皆ゆっくり、ゆったり走っていた。

スクリーン・ジェムズのビルの1階は駐車場になっていて、エレベーターで3階にある社長のレスター・シルの部屋まで行くのだが、これが世界で一番のろいエレベーターだった。

ともかくLAではすべてがゆっくり動いていた印象がある。人々は知らない人にも「ハイ!」と挨拶する。レイドバック（ゆっくりリラックスしている）、ダウン・トゥ・アース（素朴さ）がLAの文化なのだとわかるのにずいぶん時間がかかった。

パリの文化は対極で、エスプリ（機転が利くこと、早い）や洗練で成り立っている。知らない人に挨拶することなどありえない。

僕は最初にパリに行ってパリで仕事をし、パリの音楽業界の友人たちの紹介でアメリカの音楽業界人を知った。パリに住もうと思ったこともあるが、結局はLAに長年住むことになった。長年住んで思うのは、もうパリには住めないだろうな、ということだ。

快適な気候とレイドバックでダウン・トゥ・アースな暮らしになじんでしまった。パリに住んだら血圧が急上昇するに違いない。

（2014年9月）

43 LAの蕎麦

LAで物事がゆっくり動いているように見えるのは、アメリカ大陸の大きさから来ているのかもしれない。NYから飛行機でLAまで5〜6時間、天気の良い日にずっと地上を見ていると中西部を通り過ぎ、大草原やロッキー山脈、砂漠やグランド・キャニオン、シエラネバダ山脈などが次々に現れて最後にLAの市街が見えてくる。実際は時速1000キロに近いスピードで移動しているのだが、景色は非常にゆっくりと動いていく。印象としてはグランド・キャニオンのなかに日本全部が入ってしまうのではないかという広大さだ。

広くてゆっくりしているところから日本に行くと、ずいぶんとびっくりすることがある。最近は脳がうまく調整してくれてそんなに驚かなくなったのだが、LAに住んで3年ぐらいたって日本に行き、逗子の山の上から江ノ島と富士山を見た時は、景色が精巧に作られた美しい箱庭のように小さく見えたので思わず「小さい！」とつぶやいたこともある。東京から金沢まで飛行機に乗った時も、羽田から上昇して山を越えたらすぐ金沢だったので「こんなに近かったのか！」と驚いた。

家族と一緒にグランド・キャニオンを見物にいったことがある。ラスベガスから小さな飛行機に乗り、渓谷のなかを飛ぶスリリングな旅だった。渓谷のてっぺんあたりにある飛行場で降ろされて、バスで見晴らし台のようなところに連れていかれた。

そこからのグランド・キャニオンの景色はあまりに大き過ぎて規模の見当がつかないほどだった。グランド・キャニオンがどういうものか本当に知るためには、ロバに乗って何週間も旅をしなければいけないだろうということは理解できた。僕たちのような急ぎの旅人のために見晴らし台に映画館があって、グランド・キャニオンのドキュメンタリー映画を上映していた。「ここまで来て映画を観ることになるとは思わなかったね」というのが家族全員の感想だった。

去年、パリからウィーンまで飛行機に乗り、眼下にスイス・アルプスを見たのだが、前に見た時より小さく見えた。グランド・キャニオンを始め、ヨセミテ国立公園やロッキー山脈といった巨大な自然を目にしてしまったのでそう感じたのだろう。アメリカの〝でっかい感〟はアメリカの科学・芸術・政治などを理解するのに非常に重要だと言っている人がたくさんいる。

広いところに住んでいてあちらこちら動き回ると、エネルギーが消費されて食べる量も多くなる。たくさん食べて体を動かせば、何世代かの間に体のサイズは大きくなる。僕のポロシャツのサイズは日本ではL（ラージ）、LAではS（スモール）だ。

人間のサイズが大きくなれば、食べる量はますます増える。

LAのレストランでは注文する時によく考えなくてはいけない。高いレストランほど量が多いと考えたほうがいい。量が少ないという文句が出ないように、レストラン経営者は何でも大量に出してくる。アメリカ人のゴルフ友達とゴルフの後に一杯飲みながら話していたら寿司の話題になった。「NYで一番いい寿司屋を知っている」というので「どういいのか」と聞いたら「寿司がでっかいんだ」と言う。そういう価値観だから「なるほど」と言うしかない。

最近は年をとってきたので、レストランでは何でも夫婦で半分ずつが適量だ。前菜半分、主菜半分、デザート半分という具合に食べる。つい頼み過ぎてしまった時は〝お持ち帰り〟ができる。日本の多くのレストランでは食べ残しを持ち帰りできなくなっているが、LAでは100％持ち帰りOKだ。〝買ったものを持ち帰って何が悪い。所有権はすでに客にある〟が客の論理で、もう一つレストラン側のために〝持ち帰って食中毒になってもそれは客の責任。所有権はすでに客にあるのだから危ないと思いながら食べて食中毒になるのも、捨ててしまうのも、客の自己責任である〟と法律に書いてあるに違いない。僕はこちらの考えのほうが理にかなっていると思う。

知り合いの映画脚本家と日本食のレストランに行って、てんぷら蕎麦を食べた。脚本家は半分残してそれを持って帰るという。「あとで温めて食べるとうまいんだよねー」と嬉しそうだ。〝蕎麦がのびちゃってまずいんじゃないの？〟と思ったが、それも価値観の違い。「そうですか」と答えるほかないが、一応「日本では、蕎麦はのびないうちに食べるのが一般的です」と付け加えておいた。

しかし20年もＬＡにいると、もしかするとのびた蕎麦も温めればうまいのかもしれないと思う時もある。

今月は日本に来て日本の蕎麦を食べた。３軒ぐらい有名な店で食べたのだが、洗練された細いものから太くてゴツゴツ歯応えのあるものまでいろいろあって楽しめた。

とにかく日本に来ると食べるものがすべて美味しいので感動の毎日なのだが、それも10日ほどで慣れてしまって感動は小さくなる。そんな時、人間とは何と不幸な存在かと考えてしまう。昔、辻静雄さんというとてつもない教養を持った料理学校の校長先生と友達になって、といっても一方的にいろいろなことを教わったり、美味しいものをごちそうになったりするばかりで、ほとんど何もお返しできなかったのだが、ともかくとびきり上等な食べ物をごちそうになった。思い出してみれば、極上のコンソメ、でっかくて灰色の何とかという名のキャビアなどだ。「うまいなー」と言うと、辻さんは「これが不幸の始まりなんだよ」と言う。確かにその後、コンソメを飲むと辻さんのコンソメと比較してしまって、素直に〝ああ、美味しい〟とは思えなくなる。日本にいる日本人は世界で一番美味しいものを食べているし、美味しいものを知っている。

それが不幸の始まりにならないように精神を鍛えていかなければいけない。滞在１ヵ月を過ぎ、さんざん美味しい蕎麦や寿司、うどん、おでん、鰻《うなぎ》などを食べたが、今は荷作りしながら近所のコンビニで買ったおにぎりとインスタントみそ汁を食べている。これが結構うまいので驚いてしまう。ＬＡのスーパーでは２ドルでこんなうまいものは買えない。

それにしても、辻さんにはお世話になりっぱなしだった。ずいぶん前に他界されたが、僕がプレゼントしたエロール・ガーナーの『コンサート・バイ・ザ・シー』のアルバムに入っている「枯葉」を大変に気に入ってくれて、パラゴンというでかいスピーカーで何度も聴いていた。そのぐらいしかお返しができなかったのが残念だ。

今回の滞在中は『てりとりぃ』同人のパーティーや関孝弘さんのコンサートもあって、懐かしい先輩方や仲間と会えてとても楽しかった。さて、これからLAに帰る。LAに慣れるのにしばらくかかりそうだ。

（2014年10月〜11月）

44

ミシェル・ルグランの人生

『てりとりぃ』の編集長、濱田髙志《たかゆき》さんが監修した『ミシェル・ルグラン自伝』の日本語版を渡されたのは、東京に滞在中の7月後半で、刷りたてのほやほやだった。連日取材や9月開催の『ALFA MUSIC LIVE』の打ち合わせでかなりきつい日程のなか、深夜ベッドにもぐり込んでこの本を開き、ミシェルの世界に浸ることができたのは大きな幸せだった。

ミシェルとの付き合いは四十数年におよび、ミシェルのことはたいていわかっているつもりだったが、読んでみて〝そうだったのか〟と改めて知ったことがたくさん出てくる。自分自身と正面から向き合い、正直に赤裸々に自分の人生を語るミシェルの物語は驚異に満ちている。現在と過去を交互に交えながら展開する構成は、作曲家が〝コンポーザー〟と呼ばれ、物事を整理し、うまく並べ替え、新しい工夫をこらして作曲するやり方と似ていて、いかにもミシェルらしい。垂直的に進行する普通の自伝よりはるかに文学的だ。

冒頭、フランソワーズ・サガンの献辞が現れる。僕はサガンの愛読者で、サガンのスキャンダラスな私生活、スピード狂で、尋常ではない賭博者でもあり、時には麻薬に溺れる人生に興味を持っているのだが、サガンがミシェルの人生と音楽をここまで本質的にとらえて文章を書いていることに感動した。全部は紹介できないが一部引用する（高橋明子訳）。

「なによりも、彼は詩人、叙情詩人であり、〝叙情とは叫びを発展させたもの〟。ミシェルはすべてについて思いのままに、尽きることなく叫び声をあげる。愛について、人生について、悲しみについて、信じがたい幸福——音楽という狂気の愛人に彼自身がずっと追いかけられ、さいなまれ、愛されてきた幸福——について。そのつど彼女に屈服し、精気にあふれ、胸を刺す、悲痛な歌の数々を作曲する幸福について。そしてそれらを、人生のなかでたえまなく低い声で自分に歌って聞かせた後で、私たちのために、高らかに歌ってくれる幸福について」

この献辞は1972年にオランピア劇場で開かれたミシェルとカテリーナ・ヴァレンテのコンサートのプログラムに掲載されたもので、濱田さんが発掘してきた貴重な文だ。僕はこのコンサートに招かれ、ミシェルの楽屋でミシェルとまだ小学生だったミシェルの息子バンジャマンが仲良く遊んでいたのを見ている。同じ時期にヴィラ・モリトールのミシェルの家で何回か食事を共にしている。旧式の手回し映写機があって、ハリウッドから送られてくるフィルムを一コマ一コマ観ながら作曲していた。そのことは自伝にも書いてある。今はデジタルとインターネットの時代になって不要になったが、まだその映写機は持っているそうだ。

次に感銘を受けたのは、音楽教師ナディア・ブーランジェとの師弟関係だ。ナディアは高名な音楽教育者で、彼女なしに20世紀前半の音楽史は語れないほどの人物だ。特にアメリカではアーロン・コープランドなどのクラシック作曲家のみならず、クインシー・ジョーンズやキース・ジャレットも門下生リストに名を連ねている。ナディアはミシェルの才能に魅せられ、情熱的に教育した。愛する者を鞭打ち、しごきにも似たことをして音楽のすべてを教え込んだ。14歳から20歳までのミシェルはこの厳しい教育のためほとんど自由な時間がなかったが、得たものは大きかったと書いている。

「最初に極端な厳しさと訓練を課すことによって、ナディアは努力の意味を私にたたき込んだ。

映画音楽の作曲をはじめた時から、私にはすべてが容易に感じられた。なんの苦労もなく、三晩続けて作曲に打ちこむことができた」

もう一つのこの自伝の魅力はいくつか出てくる箴言《しんげん》（アフォリズム）だ。ミシェル自身と、イゴール・ストラヴィンスキーの言葉を引用しよう。

「私の創作への原動力となるのは、アカデミーの燕尾服ではなく、好奇心にあふれた精神と即興性、そして音楽自体の豊かさと多様性だ。そしてもっとも重要なのは、永遠に初心者のままいられる能力である」（ミシェル）

「芸術は、枕のうえに新しい場所を見つけることで成り立つ」（ストラヴィンスキー）

この言葉をストラヴィンスキー自身から聞いたミシェルが解説する。

「問題の場所を見つけるのは難しいことではない。しかしそれはすぐに生温《なまぬる》くなってしまうので、また別の場所を探さなくてはならない。それが生き残るための唯一無二の解決策なのだ」

ミシェルは言葉を大切にする音楽家だということを再認識した。

（2015年8月）

45

自伝を書いて一日考える

ここのところ僕や、僕の周りの人たちについての本の出版がいくつか重なってくる。まずミシェル・ルグランの自伝が今年出て、ミシェルの先生、ナディア・ブーランジェがどのくらい厳しい先生だったかとか、作家のフランソワーズ・サガンがミシェルの音楽をよく理解している人で、素晴らしい献辞を書いていることなど、読んでいて楽しかった。ミシェルとパリやLAでよく会っていた頃のことが懐かしく感じられた。

来年は松木直也という『POPEYE』の編集者だった人が、僕の音楽人生について書いたもの（『「アルファの伝説」音楽家村井邦彦の時代』）が河出書房新社から出版される。僕の記憶に間違いがなければ、三島由紀夫の『仮面の告白』（49年）など、かなり歴史的に重要な本が河出から出ているので、どんな会社か見にいった。なるほど本を作っているのだ、とわかる資料や本が雑然と山積みになっているような会社だった。

松任谷正隆の従姉、松任谷國子の家族が昔住んだ松任谷ビルが神宮前にあって、僕は学生時代、そのビルの地下にあった「易俗化《エキゾチカ》」というクラブに何回か行ったことがある。河出書房はその松任谷ビルがあった場所の近所にある。

松任谷正隆の家族は頭山満《とうやまみつる》と縁戚関係にあって、二つの家族を中心に、明治の頃からの日本近代史と1970～80年代のユーミン、ティン・パン・アレーのことが混ぜて書いてある本が来春、講談社から出る。ユーミンたちが出てくれば、当然僕も出てくる。延江浩というFM東京のプロデューサーが書いているのだが、前回東京に行った時に取材を受けた。その際、延江さんのお父さんが僕の通った暁星《ぎょうせい》高校の担任の先生だったと知ってびっくり。先生は今もご健在だそうだ。

今、その本のゲラを読んでいるのだが、『月刊てりとりぃ』に寄稿している泉麻人さんも取材されたらしく、彼のコメントも入っている。

最近の若い人のなかには、頭山満を知らない人がいるかもしれないので説明しておいたほうがいいだろう。僕は少し知っている。なぜなら頭山の孫の真一が一時アルファにいて、カシオペアのマネージメントをするアルファの子会社の社長を務めていたのと、共同経営者の梁瀬《やなせ》次郎さんが頭山の息子と慶應で同級生だったからだ。

ロマンチックな時代だった。今はほとんどすべてが金銭に換算される世の中になってしまったが、頭山は中国の孫文やインドのボースなど、西欧支配からの脱出を夢見た革命家たちを体を張って助けた理想主義的な人で、玄洋社という結社を作り、戦前日本のスターだった人だ。右翼の巨魁であったが、左翼の人もなつくような懐の深さがあった人だと聞いている。

延江さんの本は、孫文からユーミン、あるいは三島由紀夫からティン・パン・アレーへと、どんどん話が飛んでいくので目が回るところがあるが、僕にとっては面白い本になりそうだ。

そういう身近な人たちについて書かれた本に次いで、僕自身が書く〝自伝〟が講談社から出ることになりそうだ。それで最近はこの〝自伝〟の執筆と構想でかなりのエネルギーを費やしている。

『月刊てりとりぃ』に書くのは、読んでいる人が桜井順さん、山上路夫さん、本城和治さん、草野浩二さん、パーティーで会った人など知っている人たちだから、気楽に思ったことをサラサラ書いて楽しいが、数百ページの、しかも誰が読むのかわからない、もしかしたら誰も読まないものを書くのは大変だ。気楽に引き受けてしまって参ったなと思うこともあるが、ほかに大きな使命感を持ってやることもなくなってきたので、書くことで一日考えるのも悪くないという感じだ。

しかし、もし作曲にこのエネルギーを使ったら、ミュージカルの一作ぐらいできるかもしれない。

そんなわけで毎日原稿を書き、ピアノの練習をし、ゴルフと散歩をしているのだが、また一年がもうすぐ終わってしまう。『てりとりぃ』同人の皆様、良い年をお迎えください。

（２０１５年12月）

追記——延江さんのご尊父、延江正昭先生は２０１６年９月７日に89歳で亡くなった。

この美しい星、アルファ

※この文章は2015年9月27日と28日に
Bunkamuraオーチャードホールで開催された
『ALFA MUSIC LIVE』のプログラムに掲載された、
アルファの始まりから
終わりまでを書いたものです。

始まりは荒井由実という名の女子高生

2015年9月27、28日に渋谷のBunkamuraオーチャードホールで『ALFA MUSIC LIVE』と題した演奏会をやることになりそうだ。前回、日本にいる時にユーミン、マンタ夫妻（松任谷夫妻）や細野晴臣といった人たちに相談し、現在企画を考えてもらっている。アルファ出身の音楽家たちが次々と歌い、演奏する会になるだろう。

アルファミュージックは、僕と山上路夫が中心となって1969年に始めた音楽出版社で、作家の自由な発想で音楽制作をすることと、国際的な音楽ビジネスに参入することを目的としていた。最初に契約した作家は、当時高校生だったユーミン（荒井由実）、最初に契約した外国曲が「マイ・ウェイ」だった。

1969年に元ザ・タイガースの加橋かつみがフランスのバークレイ・レコードと契約し、パリで録音することになった。川添象郎《しょうろう》がプロデューサーで、僕もパリへ行って何曲か作曲した。そのレコードを日本で発売したのがフィリップス・レコードのディレクターだった本城和治《まさはる》だ。

その時にバークレイ・レコードの音楽出版部門の責任者だったジルベール・マルアニに会いに行ったら、日本で代理店のようなことをやらないかと誘われた。なんだか面白そうな仕事だと思い、試しに何曲か買い付けることにした。ホテルに戻って川添と仮契約書に書く会社名をどうしたらいいだろうと相談した。

僕は「m」を横倒しにしたようなギリシャ文字のイプシロン（ε）の形が気に入っていたので「イプシロン・ミュージック」はどうだろうと言ったら、川添は「ギリシャ文字ならアルファがいいよ。ABCでも最初の文字だし、アイウエオでも最初の字だから」と言って〝ALFA〟と書いた。二人ともギリシャ文字のアルファは〝ALPHA〟とスペルするのだということに気が付かなかった。僕はイタリアの名車「ALFA ROMEO」のことを考えていた。

それで「Comme d' habitude」というフランス語題の曲と、ほか数曲の出版の仮契約を「ALFA MUSIC」という会社名義で結んだ。「Comme d' habitude」は、ポール・アンカがアメリカ地域の権利を取り、「My Way」という英詞を付けてフランク・シナトラに売り込んだ。シナトラの「マイ・ウェイ」は世界的にヒットした。

その後、バークレイ出版から本契約が送られてきた。当然ながらフランス語で書かれていた。僕は子供の頃にフランス語を勉強したことがあるので、「おなかがへった」とか、タクシーの運転手に「右に曲がってタバコ屋の前で降ろしてください」といった程度のフランス語ならなんとかなる。しかし、契約書となるとまったく読めなかった。

小学校からの親友で、音楽仲間でもある磯部力《つとむ》が、都立大学で法律を教えているのを思い出し、契約書を読んでもらいに行った。今なら日本にも本格的な国際渉外・エンターテインメント弁護士がいて、著作権なんかにも詳しい人が何人もいるが、その頃はまだエンタメ専門弁護士はいなかったと思う。

磯部力は子供の頃から天才的に勉強ができた人で、フランスの法律に詳しいからすべて解読してもらえると思っていたのだが、出だしからつまずいた。契約書の冒頭に〝sous édition〟という言葉が出てきて、これは何だということになった。〝sous〟というのは〝下〟を意味し、〝édition〟は出版という意味だから、要するに〝下請け出版〟とか〝テーブルの下〟とかいうふうに使う。という言葉なのだが、その頃は、この言葉の概念がまったくわからなかった。それでもどうやら日本における著作権収入の何パーセントを年に二回に分けて送金するとか、いろいろな取り決めが読み取れて、磯部も「よくわからないが、そう出鱈目《でたらめ》なことは書いてないからいいんじゃない」と言うので、サインして送り返した。まったく暢気《のんき》な時代だった。

川添はアルファミュージックには参加しなかった。川添はパリでベルトラン・カステリというミュージカル『ヘアー』のプロデューサーと気が合い、『ヘアー』のパリ初演を手伝っていた。その後、カステリと組んで日本版『ヘアー』を作ることになり、プロデューサーとして多忙を極めていたからだ。この『ヘアー』の出演者や関係者のなかに、将来のアルファの音楽の屋台骨を作った細野晴臣を始め、小坂忠、ガロなどがいた。

1969年のパリとバークレイ・レコードでの日々

　1969年のパリがどんな状況だったかというと、やはり印象的なのは前年の五月革命の余韻がまだ漂っていたことだ。五月革命は、大学の自治と民主化を求める学生たちが主導し、労働者が追随して大きなゼネストになり、フランス経済が崩壊寸前まで行った出来事だ。サンジェルマンの裏通りで、警官隊と学生の小競合いや追いかけっこを何度も目撃した。一方、ド・ゴール大統領を支持する保守層、中小自営業の、例えばパン屋の親父とかそんな連中が、車を連ねてクラクションをブーブー鳴らしながらシャンゼリゼ通りをデモしていたのも目撃した。古い世代と若い世代の争いでもあったのだ。

　そんな出来事を横目で見ながら、僕たちは音楽三昧の日々を送っていた。ひと月以上に及んだパリ滞在は思い出に残るものだった。バークレイ・レコードが手配してくれたホテルは、凱旋門を中心に放射線状に広がる通りの一つ、キャルノ通りにある安ホテルで、レジャンス・エトワール（星の摂政）という大層な名前が付いていた。安ホテルといっても寝室にバスルームが付いていて、朝、帳場に電話するとミルクコーヒーとパンの朝飯を部屋に運んでくれた。これより安いホテルではトイレとシャワーは共同で使うことになっていたのだから、それに比べれば極めて満足のいくものだった。

　そこを根城に、モンマルトルのほうにあったベルナール・エスタルディの録音スタジオで仕事をして、サンジェルマンの「キャステル」で遅い夕食を食べた。キャステルはディスコティークの元祖だ。1階と2階で食事ができ、ディスコティークは地下にあった。毎夜、音楽家や絵描きやファッション・デザイナーなどが集まっていた。オーナーのジャン・キャステルはバスク地方から来た人で、晩年一緒に食事をした時にその頃のことを懐かしがっていた。キャステルではいろいろな人が踊っていたが、記憶に残っているのは、歌手のフランス・ギャルと当時まだ学生だったデザイナーの高田賢三だ。ピエール・バルーも常連だったし、セルジュ・ゲンスブールのような当時の有名なアーティストたちも皆キャステルの顧客だったと思う。

大男のエンジニア、エスタルディのスタジオは100年ぐらい前の荒れ果てたアパートを手作業で改造した、継ぎ接ぎだらけのみすぼらしいものだった。しかし、そこにあった手製のテープレコーダーは24チャンネルあって素晴らしい音がした。日本ではビクターが6チャンネル、テイチクは4チャンネルの時代だったから驚いた。アレンジャーはジャン・クロード・プティで、澄んだオーケストラサウンドが素晴らしかった。後に映画音楽作曲家として『愛と宿命の泉』（86年／クロード・ベリ監督）などで高い評価を受けた人だ。

金がなくなると僕たちはヌイーにあったバークレイ・レコードに行った。するとロッシという経理部長が現金で生活費をくれた。ヌイーはシャンゼリゼ大通りから凱旋門を抜けた向こう側にある高級住宅街で、イギリスの王位を捨てたウィンザー公夫妻が住んでいたところだ。

バークレイ・レコードは、最高のスタジオとアレンジャーを用意してくれていたわけで、おまけにいくらでも必要な生活資金をくれた。今考えれば川添の父、川添浩史の威光のおかげだと思う。戦前からパリを中心に世界的に人脈を築き上げてきた川添浩史のことは、あとで触れることになるだろう。

バークレイ・レコード社長のエディ・バークレイのアパートに何回か夕食に呼ばれたことがある。このアパートも凱旋門から放射状に延びる道の一つ、フリドラン通りにあった。エディの家には12人から16人ほどの客が座れる大きな食堂があって、歌手やプロデューサー、それに外国からの音楽関係者を招いた食事会が毎夜開かれていた。エディは美食家で、腕のいいコックを雇っていたので、食事はいつも美味しかった。

エディはもともと酒場のピアノ弾きで、のちに自分のオーケストラを持った。まだ無名だったクインシー・ジョーンズ、ミシェル・ルグラン、アンリ・サルヴァドールを世に出した人だ。ミシェル・ルグランと一緒に書いた「リラのワルツ」の作曲家でもある。彼はちょっと奇行、奇癖のある人だった。例えば食事会ではデザートの頃に、ズボンをずり下げるとか、女性客が一斉に胸をあらわにして大きさを競うとか、食事がデザートから始まって逆方向に食べて前菜で終わるとか、そんな感じだ。彼のやることに眉をひそめる人もいたが、多くのフランス人に面白がられ、愛されてもいた。

食事会でシャルル・アズナヴールと一緒になった時、アルメニア人のアズナヴールが間違った文法でフランス語を話し、フランス語を片言しかしゃべらない日本人の僕のほうが文法は正しいぞとからかわれて、みんなで笑ったのを思い出す。

エディはカンヌで毎年行われる「MIDEM」という音楽見本市のブラックタイ着用のガラ・コンサートにバスローブ姿で現れたこともある。何回結婚したか数えられないほど結婚したが、そのたびに「真っ白な心で結婚したいので、真っ白な洋服で出席してほしい」という招待状が届き、最初は僕も白い衣装を探したものだが、忙しくて出席できず、その後何回か招待状をもらったもののばかばかしくなって、結局彼の結婚式には一度も出席しなかった。でも僕はそんなエディに好感を持っていた。今時はこういうバカバカしいことをやる人が周りにいなくなって寂しい限りだ。エディは亡くなったが、側近だった元外国部長シリル・ブリヤンとは今も付き合いが続いている。

シリルは昔、アズナヴールをアメリカに売り込む担当をやっていて、LAやラスベガスの空港でばったり会ったことが何度もあった。画家のゴーギャンがタヒチに住んでいた頃に移民したフランス人の子孫らしく、刺身に発酵したココナツミルクをかけて食べるタヒチ料理をごちそうしてくれたこともあった。

アズナヴールは90歳を機に、LAのグリークシアターでコンサートを開いた。LA在住のアルメニア人は、皆そのコンサートに行ったんじゃないかと思う。アズナヴールは故郷を離れて暮らすアルメニア人にとっては民族の誇りで、日本人にとっての富士山みたいな人らしい。アルメニア人のタクシー運転手がコンサートのことを興奮して話していたのを聞いてそう思った。

「マイ・ウェイ」がもたらした人工衛星のような毎日

同人誌『月刊てりとりぃ』の濱田高志編集長やソニー・ミュージックダイレクトの加納紏《おさむ》プロデューサーが編纂した『村井邦彦の世界』というCD5枚組の作品集に、僕の全作品の一覧表が付いているのだが、それを見ると1969年に僕が書いた曲は、ザ・タイガースの後期の曲、沢田研二が歌った「ラヴ・ラヴ・ラヴ」、沢田研二の初のソロアルバムの全曲、トワ・エ・モワのデビュー作で大ヒットした「或る日突然」などがあり、現役のヒット・ソングライターとしてずいぶん多忙だったようだ。ちなみにトワ・エ・モワの最初のアルバムも全曲を書いている。

1969年の日本と世界の出来事を振り返ると、『昭和史 戦後篇』(半藤一利著)の年表によれば、東大安田講堂における学生と警官隊の衝突のせいで東大の入学試験が中止になったことや、アポロ11号が月面に着陸したこと、全米の反ベトナム戦争が拡大したこと、佐藤首相が訪米して沖縄返還について共同声明を発表したことなどが載っている。映画の世界では『イージー・ライダー』(デニス・ホッパー監督)と『明日に向って撃て!』(ジョージ・ロイ・ヒル監督)がその年に製作され、日本では翌年に公開された。

そんなななかでアルファミュージックは、僕の母校である慶應義塾大学三田キャンパスの南側の高台にあった三田東急アパートの一室で産声を上げた。

「マイ・ウェイ」の楽譜を印刷して歌手や演奏家に配るなど、手探りで販促活動をしていたところ、ポール・アンカ作詞の英語版を歌ったフランク・シナトラのレコードが大ヒットして、出だしから好調だった。

山上路夫と「朝・昼・夜」という物語性のある歌を書いて、いろいろな歌手に歌ってもらうために、あちらこちらに売り込みに歩いていたら、CBSソニーのディレクターだった酒井政利に「自分でも歌ったらどうだ」と勧められ、初めて自分の歌を録音して発売した。大きなヒットにはならなかったが、山上=村井という作家が自主的に曲を書いて売り出すという実験としては価値のあることだったと思う。

当時、コロムビア・レコードのディレクターだった高久《たかく》光雄と組んで、クロード・デュランというペンネームで、パリで録音したオーケストラ作品を映画のサウンドトラックに売り込んだ。読者には『哀しみのトリスターナ』（70年／ルイス・ブニュエル監督）というカトリーヌ・ドヌーヴ主演のフランス映画のテーマソングを憶えている方がいるだろうか。この映画のクレジットは「音楽=クロード・デュラン」となっている。デュランとは僕、村井邦彦のことなのだ。

やがて、東京とパリが僕の創作の舞台になり、二つの都市を毎月のように往復した。そのたびにジルベールやバークレイ・レコードの連中と会って情報交換をしたものだ。

ジルベール・マルアニは下請け出版社としての僕の働きぶりを評価してくれた。個人的にもウマが合ったので、フランスの他の出版社はもとより、イタリアやアメリカの出版社を紹介してくれた。マルアニ家は当時のフランス音楽業界では有力な一族で、ジルベールの叔父のフェリックスは大手のエージェント経営者、弟のロジェはフランスのフィリップス・レコードの社長だった。ジルベールはもともと学校の教師としてイタリア語を教えていたのだが、一族に引っ張られて音楽出版業に転職したそうだ。音楽をよくわかっている人で、後にはプロデューサーとしてフランコ・ゼッフィレッリ監督と組んで『ラ・トラヴィアータ（椿姫）』（82年）を映画化した。

ジルベールが紹介してくれた音楽出版社の一つが当時全盛だったアメリカの大手音楽出版社のスクリーン・ジェムズ・コロンビアだった。この会社は1950年代から70年代のアメリカのポップス史で重要な役割を果たしていた。ニール・セダカやキャロル・キングを抱えていたアルドン・ミュージックがコロンビア映画に買収され、スクリーン・ジェムズ・コロンビアと社名を変更したらしい。モンキーズなども手掛けていて繁盛していた。

ジルベールが僕のことをどう話したのか知らないが、1970年にNYへ行って副社長のアーウィン・ロビンソンと会い、その翌日LAで社長のレスター・シルと会ってすぐに契約を結んだ。25歳の青年作曲家に日本の権利を任せようというのだから、今考えたらすごいことだ。背景にはコロンビア映画が経営不振で、コカ・コーラへの身売り話が進んでいて、音楽出版部門もいずれ売られてしまうのではないかと考えられていたことがある。アーウィンもレスターも日本での売り上げを瞬発的に上げようともくろんでいたうえ、どうせ売られてしまうなら気に入った人物に仕事をさせようと思っていたのだと推測する。一年刻みの契約で、その代わり最低保証金（ミニマム・ギャランティー）のない契約だった。実際スクリーン・ジェムズは1976年にEMIに売却された。

この6年間に僕の活動範囲は東京―パリ間のみならず、ロンドン、ニューヨーク、LAに拡大し、人工衛星のように、東京、パリ、ロンドン、ニューヨーク、LAをぐるぐる回る生活が始まった。さらに新しい出会いや出来事がたくさんあったのだが、意図されたものは何一つなく、すべては自然の成り行きだった。

異色のレコードマン、金子秀という男

金子秀《しゅう》との出会いは、その後の僕の仕事の方向を決めたと思う。どんな人だと説明するのは簡単ではない。肩書でいえば1960年代の日本コロムビアの洋楽部長だ。しかし肩書とは関係なく、音楽に対する愛情と知識が深く、新企画の発想力、実行力に抜群の能力を持った魅力的な人物だった。読書家で歴史に詳しく、それでいて美味しいカニ玉やボルシチにありつくにはどの店がいいかといった世情にも通じていた。1950年代にニューヨークのCBSレコードに駐在し、国際的な音楽ビジネスの現場を目の当たりにしてきた唯一人の日本人だった。

その頃のCBSレコードの社長はゴダード・リーバーソンで、ミッチ・ミラーが制作を担当

していた。ロック以前の音楽文化の頂点にあった会社だが、僕にとってはマイルス・デイヴィスや、デイヴ・ブルーベックを始め、ジャズのレコードを出している会社だった。1960年代になってクライヴ・デイヴィスが社長になり、ボブ・ディランやジャニス・ジョプリンらと契約し、ロック路線に乗り換えていく。

金子秀の父は三井の重役で、暗殺された三井合名会社理事長の団琢磨を、暗殺現場だった三井本店の玄関先から建物内に担ぎ込んだ人だ。葉山の実家には、広田弘毅や緒方竹虎といった最新の国際情報を持つ人たちが出入りしていたらしい。そういうことも彼の人格や世界観の形成に影響を与えていたのだと思う。広田弘毅はA級戦犯として絞首刑になった外交官出身の元首相で、緒方竹虎は戦前の朝日新聞の主筆を務め、戦後吉田茂に請われて吉田政権の官房長官を務めたジャーナリスト出身の政治家。国際連合難民高等弁務官として活躍した緒方貞子の岳父でもある。ともかく金子秀はその頃最も世界情勢に通じていた先進的なレコードマンだった。

金子秀は僕に「レーベルを作って自分の好きなレコードを作ってみろ。それをコロムビアで売ってやる。古いレコード会社にはできないような斬新な企画を考えろ。経済的な援助も与える」と言った。当時の日本コロムビアといえば、美空ひばりや島倉千代子、舟木一夫の会社だったのだが、金子は洋楽部のなかに制作部門を作り、CBSレーベルでジャッキー吉川とブルー・コメッツの「ブルー・シャトウ」やいしだあゆみの「ブルー・ライト・ヨコハマ」などヒットを連発していた。当時、これら一連の作品は和製ポップスと呼ばれ、今で言うJ-POP

の元祖にあたる。ビクター系のフィリップス・レコードで僕の作品を最初に取り上げてくれたディレクターの本城和治がザ・スパイダース、森山良子、ザ・テンプターズなどのヒットレコードを作っていて、これらも和製ポップスと呼ばれていた。欧米的で〝洋楽〟的な音楽が、経済的に豊かになった日本の音楽界の主流になってきたのだ。アルファ・レーベルは日本の最先端を行くレーベルとして動き出した。

僕は好きなレコードが作れることになってすごく喜び、まず、フィフィ・ザ・フリーというコーラスのうまいバンドに山上路夫と一緒に「栄光の朝」という曲を書いた。新橋にあったテイチクのスタジオで、4チャンネル・テープ・レコーダーを何回もジャンプさせながら多重録音でコーラスを録った。ジャンプというのは録った音をいったん2チャンネルにまとめ、残りの空いたチャンネルに、また新たな録音を追加する手法だ。ビートルズのプロデューサー、ジョージ・マーティンが『サージェント・ペパーズ・ロンリー・ハーツ・クラブ・バンド』のあたりから4チャンネル・テープ・レコーダーを2台シンクロさせてこの手法を始めたのだと思う。それが16チャンネル、24チャンネル、現在の100とか200とか、きりがないぐらいのトラックに多重録音できるプロトゥールスに発展したわけだ。

次にドラマーの石川晶が渋い声をしているのに目をつけて、「土曜の夜に何が起ったか」（B面「恋の朝焼け」）を作った。石川晶（ｄｓ）、江藤勲（ｂ）、杉本喜代志（ｇ）、飯吉馨（ｐ）がその頃の僕の最もお気に入りのリズムセクションだったのだが、たまたま石川が鼻歌を歌っているのを耳にして「石川さん、歌わない？」と言ったら「やるよ」と即答されて録音になった。バックコーラスは伊集加代、岡崎広志が歌った。三保敬太郎の書いた日本テレビの「11PMのテーマ」を歌った名人歌手たちだ。

続いて作ったのが、桜井英顕《ひであきら》の前衛邦楽グループ『須磨の嵐』だ。桜井は当時国立音楽大学でクラリネットを学んでいたが、実家は箏《そう》の家元で、彼自身も優れた箏奏者だった。このアルバムには彼の作曲した「銀笛本曲」が入っていて、中谷望がフルートを尺八のような音色で吹き、伊藤貞司がハイチの太鼓をたたいている。僕にとっては大事な録音だが、驚くべきことに全世界で3000枚も売れなかった半世紀ほど前のこの音楽が、今はYouTubeで聴くことができる。もしやと思って検索したら、この曲のフランス盤のジャケットと共に、懐かしい録音が流れてきた。フランス盤はもちろんシリル・ブリヤンがバークレイ・レコードから発売したものだ。

最初は尺八のような吹き方をするフルートの演奏に始まり、きれいなメロディーの主題が5本のフルートで提示される。ここまでは全部譜面に書かれている。その後伊藤が、神楽の太鼓のようではあるがアフリカンビートを感じさせるハイチアン・ドラムをたたき出し、フルートのアドリブが始まる。ややあって、桜井が天ぷらを揚げる時に使う鉄の箸《はし》で箏をたたき出す。7分ほどの曲の締めくくりに銅鑼《どら》がガーンと鳴るのだが、これは僕がたたいている。後半は譜面なしのフリーだが、うまくはまっている。

コロムビアがなくなっても、今なおコロムビア通りと言われる赤坂の通りにあったコロムビア・スタジオでの録音は、今でも鮮明に僕の記憶に残っている。

このレコードを黛敏郎に聴かせたら、すごく興味を持って『序破急 黛敏郎と須磨の嵐』という次作ができた。黛敏郎は川添浩史のプロデュースのもとで、画家の今井俊満、建築家の村田豊らと大阪万博の富士グループ館・パビリオンを作っていた。

新幹線の車内放送用の音楽も黛敏郎が書いていて、僕は電子音楽の先端を行く前衛性が好きだったのだが、誰かが新幹線の音楽を「汽笛一声新橋を」という古い鉄道唱歌に変えてしまったので、いまだにすごく怒っている。桜井英顕はこの後フリージャズに走り、佐藤允彦らと新宿のピットインなどで演奏した。僕を除いて、黛敏郎を始めとするこの録音の参加者全員がすでに他界している。

日本のポピュラー音楽を世界水準へ上げるために

僕は普段、テレビはあまり観ないのだが、たまたま観ている時に「赤い鳥」というグループが出ていて、リズムの良さ、音程の良さに、日本一だなと感心した。それから1週間もしないうちに、ヤマハ音楽振興会の専務理事だった柳井俊一から電話があり、赤い鳥に会ってくれないかと頼まれた。ヤマハとしてはヤマハのコンテストで優勝した赤い鳥にぜひプロとして活動してほしいのだが、本人たちがうんと言わない、村井さんが口説いてくれとの依頼だ。それで武庫之荘《むこのそう》という甲子園球場の近くの後藤悦治郎の自宅へ出かけ、メンバー全員と話したのだが、やはりプロにはならないと言う。そこで一計を案じ、コンテスト優勝にはヨーロッパ1ヵ月の旅という副賞が付いているから「一生の記念にロンドンでアルバムを1枚録音しないか」と提案したら受け入れられた。

ジャック・ウィンズレーという中堅のプロデューサーに現場をやってもらい、当時、当たっていたソングライターのトニー・マコウレイに数曲書いてもらった。僕も何曲か書いてアルバム『フライ・ウィズ・ザ・レッド・バーズ』が完成した。英国でシングルを発売し、日本ではアルバムを発売して、なかなかの好評を得た。ロンドンで録音中の赤い鳥を訪ねて再びプロ入りを勧めたら、ようやくプロ入りを決意してくれた。メンバーの一人、山本潤子の記憶によると、僕は「僕と一緒に日本の音楽界を変えよう」と言ったそうだが、確かにそんなことを考えていた。日本のポピュラー音楽のクオリティーを世界水準まで上げたいといつも思っていたのだ。

赤い鳥はアルファ・レーベルの中核となって、売り上げもそこそこ良くなってきた。しかし、これからという時に異変が起きた。レーベルの元締めである金子秀がコロムビアを退社してしまったのだ。

CBSがコロムビアを離れ、ソニーと合弁でCBSソニーを設立し、コロムビアでCBSを担当していた金子の仕事がなくなってしまった。その頃、日本は高度成長を達成していた。従来の保護主義的な政策から少しずつ方向転換し、レコード業界のような経済的にはさして重要性のない業種から資本の自由化を始めたのだ。それまで欧米の大手レコード会社は、日本でレコード会社の資本を持つことができなかった。その後、ワーナーがパイオニア、渡辺プロダクションと合弁会社を作り、東芝もＥＭＩと合弁会社を設立した。今では外国大手のレコード会社は、ソニーを除きすべて１００％外資になっている。

金子が東芝音楽工業に移籍したので、アルファ・レーベルも東芝に移った。ところが金子はアルファ・レーベルの担当にはならず、アルファ・レーベルはリバティ・レーベルの一部となってしまった。そして半年もしないうちに、金子はビクターに行ってしまったのだ。東芝と3年契約を結んだアルファは、東芝に残るしかなかった。

アルファは東芝で何年かを過ごし、赤い鳥、荒井由実、ハイ・ファイ・セットなどを成功させた。その後「アルファレコード」を設立し、ビクターの専務取締役になっていた金子と再び手を組んだ。レコードの製造と販売をビクターに委託したのだ。YMO、カシオペア、サーカスなどの日本のアーティストやザ・ポリス、スーパートランプといったA&Mレコードのアーティストがたて続けにヒットし、金子とのリユニオンは日本の音楽史に1ページを残した。まったく素晴らしい出会いだったと思う。

金子は今年88歳になり、いまだに健在で葉山でレコード鑑賞と読書の日々を送っている。

アルファで活躍したアーティストとの出会いは、それぞれに紹介者がいたり、偶然に出会ったりといろいろだが、とても自然に集まってきたと感じる。赤い鳥と契約した経緯は前に書いたが、赤い鳥と一緒に仕事をしているうち、大村憲司（g）と村上〝ポンタ〟秀一（ds）がメンバーに加わり、のちに渡辺俊幸（ds）が参加した。瀬尾一三（作・編曲家）も赤い鳥にくっついて上京し、しばらく僕のアシスタントを務めていた。大村はその後、YMOのワールドツアーに参加している。

村上と最後に会った時、彼はミシェル・ルグラン・オーケストラの来日コンサートに志願参加していた。渡辺は大編成のオーケストラの作・編曲でNHKの大河ドラマなどで活躍しており、瀬尾は中島みゆきの音楽監督・編曲者として活躍している。大村は残念ながら亡くなった。ユーミンと出会ったのは、シー・ユー・チェンと加橋かつみの紹介だった。彼女の最初の作品で、加橋が歌った曲を、僕が大変気に入ったので紹介を頼んだのだ。以来、ユーミンはアルファと専属作家契約をして、数々の名曲を作り、自らの歌唱やハイ・ファイ・セットなどの歌唱で日本の音楽の新しい時代を作った。

細野晴臣と初めて会ったのは、川添浩史夫妻（川添象郎の両親）の家の食堂だった。当時『ヘアー』に出演していた小坂忠と一緒にいた。生ギターをポロン、ポロンと弾いていたのを憶えている。いい音がしていた。僕は細野のベースが大好きで、可能な限り自分の書いた曲の録音に参加してもらった。いくつかある「翼をください」の録音の一つでは、細野がベースを弾いている。ユーミンのアルバム『ひこうき雲』（73年）を作る時も、真っ先に細野に依頼した。録音にはキャラメル・ママというバンド名がクレジットされているが、細野（b）、林立夫（ds）、松任谷正隆（kb）、鈴木茂（g）が演奏した。そこでユーミンと松任谷が出会い、20世紀後半の日本の音楽文化を代表するような作品群を一緒に作ることになる。

赤い鳥の解散後、後藤悦治郎は「紙ふうせん」を結成し、一方で山本潤子をフィーチャーする「ハイ・ファイ・セット」ができた。ハイ・ファイ・セットのグループ名を考えたのも細野だ。細野は命名のセンスがあり、何か新しいことをやる時に細野に名づけ親になってもらうことが多かった。イエロー・マジック・オーケストラの命名はもちろんのこと、細野専用スタジオとして作られた「LDKスタジオ」も彼の命名だ。当時打ち込みの音楽は（今でもそうかもしれないが）ものすごく時間がかかり、まるでスタジオに住んでいるような状態になるので、リビングとダイニングとキッチンを兼ねたスタジオという意味だ。LDKスタジオは2014年まで存続したが、ビルの耐震問題があって閉鎖された。スタジオで使っていた機材は新宿のタケビル内のスタジオに今も残されている。

人間の記憶というのは不思議なもので、まったく脈絡なく、さまざまな場面が蘇ってくる。吉田美奈子と初めて会った時、美奈子が事務所にあったピアノの調律がされてないことに苦情を言ったこと。これはもっともだと思った。その頃、吉田美奈子の『FLAPPER』の録音の編曲とキーボードを担当していた佐藤博が、僕の家に居候していた。毎夜遅くに家に帰ると、彼がその日に録音したものをオープンリールのテープで聴かせてくれたのだ。その佐藤博も亡くなってしまった。

『ひこうき雲』を作っていた頃、ユーミンと担当ディレクターの有賀恒夫と連れ立って、芝の新亜飯店で小籠包《ショーロンポー》を食べたことがある。箸《はし》を使うユーミンの指があまりに細くて長かったので、ピアノを強く弾くと壊れちゃうんじゃないかと思った。

「ガロ」のトミーこと日高富明がたびたび家に遊びにきて、ギターを弾いてくれたこと。いい和音がすると「そこどうなっているんだ?」と聞いて、ピアノで再現したこと。

飯倉のキャンティというイタリアンレストランの上にあった川添象郎の事務所で、細野がYMOの構想を情熱的に語ったこと。情熱的に語るというのは細野がめったにしないことで、たいていいつも小さい声でボソボソと語っていたので印象が強かった。

赤い鳥のツアーで一関に行った時、会場は体育館で椅子がなく、聴衆はゴザみたいなのを敷いて、座ったり、あぐらをかいていたりしたこと。リハーサルの後の休憩時間に、村上と大村が大音量で延々とブルースを演奏していたこと。

松任谷と茨城県にゴルフをしに行った時、道が混むから前夜に行こうと提案して、行ってみたら付近には旅館もホテルもなく、しょうがないので連れ込み宿に泊まったこと。松任谷はこのことを忘れられないらしく、「村井さんと東芝の下河辺(晴三《せいぞう》)さんとゴルフに行ったら泊まるところがなくて3人同室で寝たんだけど、村井さんがじゃんけんで勝って一人で寝て、僕と下河辺さんは同じベッドで寝たんだ。参ったよ」と語っている。

ニューヨーク・オール・スターズのライブ録音の後、六本木のジャズクラブ「ミスティ」でスティーヴ・ガッドとリチャード・ティーが、閉店後の午前3時頃から延々と演奏を続け、聴いていたのは僕一人だけだったこと。リチャード・ティーのゴスペルのようなノリのリズムパターンに、スティーヴがいろいろなリズムのバリエーションをたたいて、リチャードがまた新しいグルーブを作っていく。それが延々と続いて、どこまで行っても終わらないのだった。

渡辺香津美とリー・リトナーの共演アルバムを作った時、週末にドラムのハービー・メイソンと軽井沢でゴルフをしたこと。その時一緒に飲んだカリフォルニアワインの銘柄は憶えているのに、スタジオ内のことはうっすらとしか思い出せない。

ハービーは、LAの家の近所に住んでいて、今でも時々一緒にゴルフをする。スティーヴとも最近再会して旧交を温めた。六本木の夜を憶えているかと聞いたら「よく憶えているよ」と言った。残念ながらリチャード・ティーは亡くなった。

世界的にトップクラスのスタジオが必要だった

ユーミンの『ひこうき雲』や小坂忠の『HORO』から、YMOの諸作品まで、多くの名盤が録音されたスタジオAのことも書いておかなければならない。これも偶然の出会いから始まった。

ある日、慶應の先輩、日比谷輝夫を訪ねたら、録音スタジオの設計図と仕様書を見せてくれた。日比谷はTCJというコマーシャル映画や『サザエさん』のアニメを製作している会社の専務取締役だった。TCJは株式会社ヤナセの子会社だ。田町駅の芝浦口を出てすぐのところに映画スタジオのビルを建て、上層階に録音スタジオも作ろうと思っていると前置きして「録音のことは君が詳しいから意見を聞きたい」と言った。仕様書を読むと、ありきたりのコマソンなんかを録音する、どこにでもあるようなもので、僕は「今からこんな古いスタジオ作ってもしょうがないですよ」と答えた。それまで欧米をぐるぐる回って、最新の録音スタジオを見ていたから、これからはマルチチャンネル録音用のスタジオが主流になると確信していたので「これからはマルチですよ」と付け加えた。

すると、日比谷輝夫は「君の思うようなスタジオを作っていいから、それを運営する会社を村井君とヤナセが50%ずつ出資して作らないか?」と言う。僕は「いいですよ。やりましょう」と即答した。すると「それではヤナセ社長の梁瀬次郎の了解を取ってくる」と日比谷。数日後にアルファ・アンド・アソシエイツ株式会社が設立されることになった。会長・梁瀬次郎、社長・村井邦彦、専務・日比谷輝夫、常務・伊藤勘作ということになり、この役員全員がのちのアルファレコードの役員を務めた。

僕は以前からの仕事仲間だったビクターの録音技師・吉沢典夫に会って、新スタジオの建設を一緒にやらないかと誘った。その頃のビクターの録音技師は青みがかった灰色の上っ張りを着ていて、工場で精密な機械を製造しているような雰囲気があった。

編集室のモニターの左には「社会に奉仕」、右には「豊かな中音域」という標語が書いてあった。こんなことが書いてあるスタジオは世界中で見たことがないが「豊かな中音域」には大賛成だった。

声をかけた翌日、吉沢はビクターの上司から内々の承諾を得て、1週間後には僕と一緒にLA行きの飛行機に乗っていた。プロデューサーのドン・コスタに会うためだ。ドンは僕の敬愛する名アレンジャーである。シナトラのファンなら誰でも知っている『シナトラ&ストリングス』のドンのアレンジャーである。シナトラのアレンジは今聴いても素晴らしい。アメリカにおけるミシェル・ルグランの発見者で、『シェルブールの雨傘』のアメリカにおける下請け出版権をいち早く取得した人でもある。そのドンの弟、ガイ・コスタが西海岸に進出したモータウン・レコードのスタジオの主任技師をやっていて、録音スタジオ専門の建築設計家ジャック・エドワードを紹介してくれた。僕は1週間後にはジャックと共に帰国し、スタジオを実際に建築する鹿島建設の人たちと会議をしていた。

ジャックはモータウン・スタジオやA&Mスタジオを手掛けた人だ。これらのスタジオで録音されたマーヴィン・ゲイの『ホワッツ・ゴーイン・オン』やキャロル・キングの『つづれおり』などのアルバムは僕のお気に入りだったから、これはとてもいい人選だった。

それから後はすべて吉沢任せだったが、彼はよく期待に応えてくれた。優れた録音スタジオを作り上げ、運営し、後進を育てた。僕と吉沢の共通の考えは「国際水準を超える。日本で一番良い音を作る」ことで、設備の追加などに惜しみなく金を使い、マスタリングまで自社でやる態勢をとった。今のような電子的なマスタリングではなく、円盤に針で音を物理的に刻み込む職人芸的な技術が要求されるマスタリングだ。刻まれた円盤をもとにスタンパーと呼ばれる鋳型《いがた》のようなものを作り、スタンパーからおせんべいを作るようにLPレコードが大量に作られる。吉沢はいまだに現役でASTというマスタリング会社を経営し、アルファの音源を管理している。

アルファ時代を築いた偉大な先輩たち

アルファの先祖たちのことも書いておきたいが、ここに至って初めて、今までの敬称略方式を変えることにする。30歳も年上の梁瀬さん（アルファ会長）や45歳上の古垣鐵郎《ふるかきてつろう》さん（アルファ特別顧問）の敬称を略すのは、何か自分のなかで不自然な感じがするからだ。お会いしていた頃のように、梁瀬さん、古垣さんとお呼びしたほうが筆の運びも楽になる。

作詞家の山上路夫さんと一緒に曲を書くようになって半世紀近くたつ。いろいろな作詞家の方々と一緒に曲を書いてきたが、結局いつのまにか山上＝村井コンビが定着した。これは自然にそうなった。お互いの感性を認め合っているとも言えるし、最近は二人で一組の老夫婦みたいな感じでワンセットになっている。アルファを始める前から、二人で曲の構想を話し合い、できた作品を売り込むことをやっていた。森山良子の歌った「雨あがりのサンバ」（68年）が最初だったと思う。

「作家の発想で自主的に曲を作り、それを売り込む」という欧米の音楽出版社と同じやり方の出版社を作りたい、との思いで一緒に創業したのがアルファミュージックだ。欧米にはスタンダード曲という多くの人々が長年歌い続ける曲がたくさんあるのに、なぜ日本には懐メロはあってもスタンダード曲がないのか。山上さんとはそんなことを話し合った。

ちょうどその頃、美空ひばりの「真赤な太陽」事件があった。黛ジュンが「真赤な太陽」をカバーしたら、美空さん側が大反発して黛ジュン盤は発売できなくなった。

世間の認識は美空ひばりの「真赤な太陽」で、作詞・吉岡治、作曲・原信夫の「真赤な太陽」ではないのだ。アメリカだったら、コール・ポーターの「ナイト・アンド・デイ」と言われるのに。そんなこともあって、日本でもスタンダード曲をと思って作った「翼をください」（71年）が、僕と山上さんの夢をかなえてくれた。

アルファはあまりにも急速に発展したので、山上さんは役員を早い頃から辞めて作詞家としてアルファを支え続け、時として極端に走る僕を大きな心でやさしく受け止めてくれた。この場を借りて、長年の友情に感謝したい。

前述したように、アルファ・アンド・アソシエイツは、村井と株式会社ヤナセが半分ずつ出資して設立したのだが、その母体となったのがマッシュルーム・レコードだった。川添象郎、ミッキー・カーチス、京都の木村英輝などが集まって、京大西部講堂や日比谷の野音で演奏しているようなロックミュージシャンを中心としたレコードレーベルを企画していた。レーベル経験のある僕にやってほしいというので始めた会社だ。コロムビアが配給を引き受けてくれて、LPを10枚ほど作れるぐらいのお金も出してくれた。そこでミッキーが作ったのが、小坂忠、成毛滋、成田賢、ガロなどのレコードだ。

ところがレコードがヒットせず、マッシュルーム・レコードは縮小に縮小を重ね、ついには青山にあった事務所もたたみ、三田東急アパートのアルファミュージックにデスクを一つ、従業員1人を置くところまで縮んでいった。窮余の一策をミッキーと相談し、ガロのシングル2曲の作詞を山上さんに依頼し、1曲はすぎやまこういちさん、もう1曲を僕が書くことにした。すぎやまさんの書いた「学生街の喫茶店」(72年)が大ヒットして、マッシュルーム・レコードは息を吹き返した。このマッシュルーム・レコードを増資してスタジオ事業部門と統合し、さらにアルファミュージックで制作していた赤い鳥、荒井由実もアルファ・アンド・アソシエイツに移籍した。以降、アルファミュージックは音楽出版業に専念し、アルファ・アンド・アソシエイツはスタジオ業とレコード制作をやる体制にしたのである。

合弁会社はとてもうまくいった。梁瀬さんが会長を引き受けてくれたことで会社の社会的な信用も高まった。

梁瀬さんがどんな人だったか簡単に説明しておこう。

梁瀬さんは、先代が始めたゼネラルモーターズの日本の代理店、株式会社ヤナセを発展させ、メルセデス・ベンツやフォルクスワーゲンの代理店となり、両社と親密な関係を築いて大きな利益を上げた。長期にわたって日本の輸入自動車業界のリーダーとして活躍し、米国自動車殿堂入りしている。ほかに殿堂入りした日本人には豊田英二さんと本田宗一郎さんがいる。

どの国の誰もが梁瀬さんを見ると〝この人は偉い人に違いない〟と思ってしまう独特な風貌とオーラを持っていた。仕事以外の時は、大正デモクラシーの時代のジャズやダンスやモダンな装いが好きな、心優しいオールド慶應ボーイの典型で、学生時代のダンスホールやスケート場の話を楽しそうに語ってくれた。

梁瀬さんと僕は親子のようでもあり、仲間のようでもあり、あるいは兄弟分のような親密な関係だった。要するにウマが合った。梁瀬さんは毎年、新年は取引銀行の第一勧業銀行の頭取や幹部を訪ねて新年の挨拶をするので、「君も来なさい」と言われて同行したこともある。その後のヤナセの幹部の新年会では、麻布十番で買ってきたたい焼きを頬張って正月を祝った。梁瀬さんは酒を飲まないのだ。

「じろう会」というのがあって、梁瀬次郎さん、牛尾治朗さん、犬丸一郎さんを始め「じろう」という名前を持つ財界人の会にもお供した。牛尾さんと仲の良かった外交官の岡崎久彦さんと初めて会ったのもこの会の席だった。岡崎さんは今年亡くなったが、岡崎さんの書いた日本外交史は僕の座右の書で、繰り返し何度も読んでいる。岡崎さんはキッシンジャーの『外交』の日本語版でも各章ごとにまとめを書いている。こういう一級の財界人や外交官と若いうちに会えたのも、梁瀬さんのおかげだ。

専務の日比谷さんは梁瀬さんの従弟で、慶應ではヨットをやっていた。ある夏の晴れた日、一緒にロンドンの街を歩いていたら、空を見て「一雨きそうだから、いったんホテルへ帰ろう」と言う。空を見ると確かに雲が出てきているが、黒い雨雲ではない。でも、日比谷さんの言うとおりにホテルに帰ったら、その途端にザーッと雨が降り出し、顔を見合わせてにっこりした。天候判断はヨット乗りの命綱だ。それからは天候に関して日比谷さんによく電話した。兄貴分のような存在で、いつもやりきれないほどの仕事を抱えている僕に「事の軽重、至急か待っても大丈夫かを考えて、仕事に優先順位をつけなさい」と教えてくれた。

常務の伊藤さんは、慶應ライトミュージックソサイエティの2年上級生で、リードトランペッター兼マネージャーだった。故郷の四日市で何代も続く家業の「網勘製網」（現アミカン株式会社）の社長を務めていた。新婚旅行で海外に出かける前夜、東京の帝国ホテルに宿泊しているのを察知してホテルに押し掛け、アルファの経営を見てくれるように頼み込んだ。

家業を捨て置いて東京で暮らすことはできないが、週2日で良ければ助けてくれるという。以来十数年、毎週四日市と東京を往復してアルファの経理を見てくれた。

ビジネスランチで社外の人たちと会う時以外は、たいてい日比谷さんと昼食を共にしていたが、伊藤さんが来ている時は伊藤さん、日比谷さんと3人の昼食だった。時々梁瀬さんから誘いがあり、東京プリンスホテルまでランチに出かけたり、芝浦のヤナセの近所にある古ぼけた洋食屋でメンチカツを食べたりもした。メンチカツは梁瀬さんの好物だった。そんな風に年がら年中、昼食を共にしていたので、特に役員会を開く必要もなかった。急ぎの決裁が必要な時には、僕がヤナセの秘書課で待機し、梁瀬さんのスケジュールの合間の数分の間に判断を仰いだ。

顧問の安倍寧《やすし》さんも慶應の先輩で、文学、音楽、演劇、ミュージカルからワインや料理のことまで、幅広い知識をお持ちだ。同級生の浅利慶太さんと一緒に劇団四季のミュージカル路線を成功させた功績はとても大きい。アルファのごく初期の頃から顧問をお願いしていた。

東急アパートの事務所の頃、トイレから飛び出してきたユーミンが「できた！」と言ったことを憶えていらして、「あれは何の曲だったのかね？」と尋ねられたことがある。一緒に何度か外国旅行をしたが、1970年にスペインのマヨルカ島で開かれたビルボード社主催の国際音楽産業会議で、初めてモーグ・シンセサイザーの実演を見たのが記憶に残っている。服部良一作品を雪村いづみが歌い、キャラメル・ママ（ティン・パン・アレー）が演奏するアルバムに『スーパー・ジェネレイション』というタイトルを付けてくれたのも安倍さんだ。いまだにお元気で、毎年ニューヨークに長期滞在されては、ミュージカル関係者と旧交を温めたり、新作を観たりされている。

特別顧問の古垣鐵郎さんの話を伺っていると、いつも〝昔の人はよく勉強したものだ〟と感じたものだ。

ある時は「あなたはモンテスキューの『法の精神』を読みましたか？」と尋ねられた。知ってはいるが、読んだことはない。僕たちの世代は、古くから読まれてきた本について書かれた本は読んでいても、本物は読んだことがないことが多い。

古垣さんは重要な本を全部原書で読んでいる。そのうえで生来のユーモアや毒舌がさえわたるのだから、話を伺っていると、時間がたつのを忘れてしまうほど面白かった。

どんな人だったか説明しよう。１９００年生まれ、鹿児島県出身。一高を卒業後、島津家の基金による貸費留学生としてリヨン大学に行き、卒業後、国際連盟職員となった。ジュネーブ赴任中に朝日新聞の社主がやってきて引き抜かれ、東京でしばらく勤務したのちロンドンに移り、欧州支局長を務める。朝日の論説委員として終戦を迎え、１９４６年からＮＨＫの専務理事、１９４９年からＮＨＫ会長に就任。テレビ放送を仕上げ、１９５６年からはフランス大使を務められた。僕がお会いした１９７０年には日本ユニセフ協会の会長を務められていた。紹介してくれたのは川添象郎の義母、タンタンこと川添梶子さんだった。

当時、日本ユニセフ協会は飯倉片町の交差点にあって、キャンティの3軒隣だった。キャンティの2階でタンタンが「この青年をよろしくお願いします」と紹介してくれた場面が記憶に浮かぶ。古垣さんは70歳、僕はまだ25歳だった。

以来、目黒の古垣邸を訪ねたり、銀座のマキシムで食事をしたり、日曜日に一緒に床屋に行ったりしながらさまざまな話を伺った。古垣さんは文学、音楽、絵画など、すべての芸術に興味をお持ちで、ご自身もフランス語で詩作をされ、当時売り出し中だった画家ベルナール・ビュッフェと一緒に挿絵入りの本を作ったりもされた。日本大使としてフランスに着任された際は、1920年代に駐日フランス大使を務めた詩人のポール・クローデルの墓参りをし、クローデルの詩を吟じた。このことはフランス中の新聞が取り上げ、「文人大使来たれり」と書かれたそうだ。

いろいろな夕食会に連れていってもらって、水上達三さんを始め、古垣さんと同年代の大物たちに交じっての会食はカルチャーショックの連続だった。一番に思い出すのは、駐日フランス大使、ルイ・ド・ギランゴー夫妻との大使公邸の夕食会だ。会食者は大使夫妻、麻生太賀《たか》吉《きち》・和子夫妻などごく少数だった。麻生夫妻は麻生太郎さんのご両親であり、和子さんは吉田茂元首相の娘でもある。こういう時に大人はどんな話をするのか興味津々だったが、日常的で静かな対話に終始し、実にさっぱりとしたものだった。

ちょっと長いが、古垣さんが書いた日本経済新聞の「私の履歴書」の書き出し部分を引用する。

「今日、夢にみえるものが、明日は現実となる。今は、呱々(ここ)の声をあげて生まれ出るみどり子は既に母の胎内で十カ月の月日を生きつづけている。中国の諺（ことわざ）に、人は生まれた瞬間、すでに十カ月であるという。この意味では西欧流の算（かぞ）え方よりも、東洋流の算え方のほうが遥かに科学的であり、合理的だと私は思っている。

同様に二十一世紀はすでに現代の地球の中に受胎され、胎児として成長しつつある。二十五年後に出生するであろう二十一世紀のあらゆる基本的体質は現在、日々休むことなく形成されている。物も人も。（中略）

二十世紀の人類は、二回にわたる世界戦争の洗礼をうけた後、その後半世紀において、三つの人類革命を体験した。その一つは、植民地主義の打倒を旗じるしとするアジア、アフリカの民族自決と独立の大津波であり、その二は、飛行機、テレ・スター、宇宙航空などの成功による交通、通信技術の飛躍的な進歩発達であり、第三は、恐るべき核兵器の出現による戦争自体の後退と、科学技術の驚異的進歩とあいまって、世界人口の爆発的な激増である」

（日本経済新聞「私の履歴書」76年9月19日〜10月15日連載）

その後、地球の資源は有限であり、人口爆発に対処する食糧問題、特に子供たちの食糧問題を考えていかなければいけないと続き、そのためには各国の人々がその国の文化伝統を大切にしながら、同時に地球市民として一体となって地球運営をしていかなければいけない、と書いてある。

「人類は神でもなければ、また獣でもない。明日を生き抜き、二十一世紀に生きるためにわれわれは、もはや国家や、イデオロギーや民族や宗教の対立などに憂き身をやつしてはいられないと私は訴えた」という結びの言葉には心を打たれる。

古垣さんとの対話のなかでユニセフのための曲を書くというアイデアが生まれた。早速、メロディーを書いて山上さんに渡し、構想を話したら、以下の歌詞ができあがった。

「美しい星」

あなたと私は
生まれて来たよ
大きなこの宇宙のなか
地球に地球に　生まれて来たよ
蒼く光る星へと
緑がもえて花が咲き　鳥はとびかい
いつの日も回るよ　この星は

（中略）

夜と朝とをくりかえし　人々を乗せ
いつの日も回るよ　この星は
愛と夢とをくりかえし　今日も明日も
いつの日も回るよ　この星は

この「美しい星」は、日本では森山良子や赤い鳥などによって録音され、フランスではポピーズという少年合唱団、カナダではルネ・シマール少年によって歌われた。バークレイ・レコードから発売されたポピーズのレコードのお披露目のために、パリのマキシムの2階でレセプションが行われ、エディ・バークレイを始め多くの関係者が集まった。古垣さんと僕も日本から駆けつけて参加している。その年、1972年暮れのNHK『紅白歌合戦』では、森山良子が「美しい星」を歌い、僕が指揮をした。ルネはこれが縁になって、僕の書いた「ミドリ色の屋根」を歌い、1974年の東京音楽祭でグランプリを受賞、特別審査委員のフランク・シナトラに絶賛されて、一夜にしてスターになった。

直接アルファの創業に関わったわけではないが、川添浩史・梶子夫妻もアルファの先祖だ。そもそもバークレイ・レコードへの道筋をつけてくれたのも川添さんだった。イタリアンレストラン、キャンティの創業者として知られているが、レストランは副業で、本業は国際文化交流だった。

川添さんは1930年代のパリに遊学し、ロバート・キャパやアンリ・カルティエ・ブレッソンといった写真家を始め、多くの芸術家たちと交友を深めた。戦争後、日本が独立を取り戻すと、早くも1954年には、舞踊家・吾妻徳穂の「アヅマ・カブキ・ダンス」の団長として一行を率い、ニューヨークを始め7都市のアメリカ・ツアーを成功させた。翌年は10ヵ月かけてイタリア、イギリス、ドイツ、アメリカなどをツアーしている。

イタリアでエミリオ・グレコに師事して彫刻を学んでいた梶子さんと会い、十二単衣《ひとえ》を着て舞踊の内容を手短にイタリア語でナレーションする役を頼んだら、観客に大好評だったので、引き続きパリ、ロンドンでも頼み、結局全行程を共にした。日本に戻って結婚している。

以前、川添さんは戦前のパリで出会ったピアニストの原智恵子さんと結婚していた。川添象郎、光郎の兄弟は原さんと結婚していた時の子だ。僕は川添兄弟と知り合って高校生の時からキャンティに出入りしていた。梶子さんは、慶應ライトミュージックソサイエティで僕の次の代のピアニストになった若尾龍平の叔母でもあり、何かと相談相手になってくれた。

川添さんはその後、文楽のアメリカ公演、『ウェスト・サイド・ストーリー』のオリジナル、ブロードウェイ・キャストによる日生劇場の1ヵ月公演など、数えきれないほどのイベントをプロデュースしている。ファッション界では、クリスチャン・ディオールやディオールの後継者でのちに独立したイヴ・サン＝ローランを日本に紹介し、梶子さんはサン＝ローランの日本の代表を務めた。

僕や川添象郎にはそうした川添夫妻のDNAが流れているから、現代日本のコンピューター音楽、YMOを世界ツアーに出すという発想はごく自然なものだった。細野やユーミンもよくキャンティに来ていた。

梁瀬さん、古垣さん、川添ご夫妻はそれぞれに個性があったが、共通項を挙げれば、世界中に真の友人を持っていたこと、どの国のどんな人にも等しく接し、正々堂々としていながら、偉ぶるようなことは一切なかったことだ。それで僕のような若輩の者でも、一人の友人として扱ってもらえたのだと思う。持つべきものは良き先輩たちだ。

アルファから生まれた、歌い継がれる名曲の数々

アルファ・アンド・アソシエイツ時代の1972年からアルファレコードが発足する1977年の間に作られたレコードは、ユーミンの『ひこうき雲』を始めとした荒井由実時代の一連のアルバム、ハイ・ファイ・セットの一連のアルバム、吉田美奈子の『FLAPPER』、小坂忠の『HORO』、ベテラン歌手雪村いづみが服部良一の作品を細野、林、鈴木茂、松任谷らをバックに歌った『スーパー・ジェネレイション』などの傑作がずらりと並ぶ。アルファにとって最初の黄金期だったと思う。今でも時々聴きたくなる曲を挙げておこう。

「ひこうき雲」

初々しい。ミュージシャン一人ひとりのこまかいフレーズまで実に音楽的だ。

「雨のステイション」

ユーミンの曲で、本人も歌っている僕の大好きな曲だが、ハイ・ファイ・セットの山本潤子の歌唱を聴きたい。編曲は松任谷正隆。

「海辺の避暑地に」

もう一曲、山本潤子の声を聴きたいな。この曲はフランスの曲で、録音はロサンゼルスのA&Mスタジオだ。ギターはリー・リトナー。編曲はボブ・アルシヴァー。

「東京ブギウギ」

服部良一作曲。雪村さんの『スーパー・ジェネレイション』より。服部克久や僕もオケの編曲をやった。雪村さんの歌のうまさ、スイング感は完璧。

「朝は君に」

吉田美奈子の自在なノリがいい。亡くなった佐藤博が電気ピアノを弾いていて懐かしい。佐藤節が満開。ドラムは村上ポンタだ。

「ほうろう」

小坂忠の声が渋い。バックを吉田美奈子が歌っている。細野バンド絶好調。

「土曜の夜は羽田に来るの」

再び山本潤子の歌、詞は荒井由実、曲は僕、編曲は松任谷正隆。羽田は国際空港として復活したが、しばらくはローカル線専用空港だった。この曲が録音された頃は、東京唯一の国際空港で、空港のレストランでは、デートで訪れる恋人たちも見かけられた。

原稿を書きながらYouTubeやiTunesで聴いているが、ビニール盤のLPをちゃんとした再生機で聴きたくなる。よくもこれだけ良い歌い手に作詞・作曲家、編曲家、演奏家、プロデューサー、エンジニアが同じ時期に集まったものだ。

アメリカでの挑戦とその後

アルファにとって第2の黄金期は、アルファレコードが発足し、A&Mレコードのライセンシーになった1978年から1982年ぐらいだったと思う。どの年の暮れだったか、ヒットチャート1位のYMOを筆頭に、スーパートランプやポリスなどのアルファから発売されたレコードが上位にずらりと並んだことがあった。深い満足をおぼえたが、僕の頭にはすでに次の構想があった。

アメリカにアルファレコードを作って、本格的にグローバルな音楽ビジネスに挑戦することだ。折からかつてA&Mのマーケティング担当副社長だったボブ・フィードが、現職の米国

RCAレコード社長を辞任したがっているというニュースがもたらされた。ボブの人柄の良さや実績をよく知っていたので、彼をアルファ・アメリカの社長に据える構想を役員の間で相談し始めた。ヤナセ本社や銀行はレコード会社という自分たちには到底理解できないビジネスを異国で始めることに消極的だったが、梁瀬さんは「事業を動かしていけば、金はついてくるよ」と僕を支持してくれた。

ボブ・フィードと面談し、制作とマーケティングのプロを集め、少数精鋭でアルファ・アメリカを発足させた。アメリカでレコード会社を立ち上げるには膨大な金がかかった。1年足らずのうちに数十億円が注ぎ込まれ、ヤナセ本社と銀行は「やめてくれ!」と揃って悲鳴を上げた。資金を止められては身動きもできず、飛び立ったばかりのアルファ・アメリカは空中分解した。

結果として僕はこの損失の責任を取ってアルファレコード社長を辞任した。会社はその後も何年か続いたが、もはや昔のアルファではなくなり、やがて消えていった。

後日譚がある。社長を辞任して10年ほどたったある日、LAから東京に向かう飛行機のなかで、梁瀬さんと偶然にお会いした。席を隣に変えてもらい、昔話をして楽しかった。

梁瀬さんは「アルファ・アメリカが発足した時は、止めたほうがいいかなとも考えていたのだが、君があまりに真剣だったから、止めたらけんかになってしまうと思って賛成したのだよ」と言われた。

アルファレコードはなくなったが、往年のアーティストや社員は音楽界や他の分野で活躍し続けた。もっとも新入社員だった頃から知っている社員の諸君も、そろそろ定年を迎えているのだが。そうした昔の仲間が集まって、今回のようなイベントが企画されているわけである。
僕はその後、LAで暮らしている。ホルヘ・カランドレリ（編曲）、クリスチャン・ジャコブ（ピアニスト・編曲）、サイーダ・ギャレット（歌手・作詞家）らと組んで、新しい曲を書き続けている。その一端をこのコンサートで皆さんにお聴かせできるのは無常の喜びである。

（2014年12月、2015年1月〜6月、8月、10月、11月）

第5章　2016年

We Believe in Music

CHAPTER 5

2016～

46 フェイスブックとの付き合い方

フェイスブックを使い出してから3年目になる。SNSやインターネットのもろもろのことを少しは勉強しようということで始めたのだ。最初に娘から「発言は永遠に記録として残るから、酔っ払って変なこと書いたら絶対にいけません」と助言があった。それで「友達」を選ぶところから慎重に始めた。基本的に会ったことのない人とは友達にならない。多すぎると困るので音楽家ないし音楽関係者を中心に50人ぐらいから始めたのだが、思いがけなくアルファのアーティストや社員、ツアーをやったエンジニアといった昔の知り合いがつながって、現在300人ぐらいになった。「やー、久しぶり。まだ元気でやっているんだね」という感じだ。それで昔よく一緒に仕事をした作・編曲家でピアニストの渋谷毅《たけし》さんが連日のようにライブハウスに出演しているのもわかった。

アムステルダムにいるピアニスト小橋敦子さん、ジュネーブに住んでいる古い友人のマーク・新田といった人たちから、四季折々にきれいな景色の写真が送られてくるのが楽しい。昔でいえば、絵葉書ですね。アルファでジャケットを作っていた島袋光紀さんは毎日、小金井の温度を送ってくれるので東京の様子がわかる。服部克久さんも投稿が多いほうで、元気でやっているなということがわかる。寒い時と暑い時はハワイにいるようだ。高橋幸宏は、正月は伊豆で魚を釣っていたなんていうこともわかる。元ソニーの出井《いでい》伸之さんは、ほとんど毎日投稿があり、今年の正月は香港で過ごしたことがわかっている。投稿で多いのは、今日は何を食べたとか、どこへ行ったとか、今度ライブをやるので来てください、といった種類の話だ。

僕が必ず見るのは、トム永島のブログで、ツアーなどで全国に行って食べたものを解説付きで上げてくる。数ある食べ物投稿のなかでも、トムのものはポリシーが非常にしっかりしていて、筋が通っている。夫婦で50年やっている中華料理屋とか、ちょっと変わり者の蕎麦アーティストの店での体験などのほか、自分で作る料理も紹介している。正月は生きたヒラメを自分でさばいて刺身にして食べた写真を上げていた。トムのお父さんは永島達司さんだ。弟の譲二さんはミュンヘンに住んでいて、BMWのチーフデザイナーなのだが、Eメールもめったに使わないぐらいだから、SNSなんてきっと嫌いに違いない。

音楽関係者が多いので、ナタリー・コールが亡くなったといったニュースは新聞より早く伝わってくる。安倍寧《やすし》さんは時々評論を載せている。フェイスブックを入り口にして安倍さんのブログにいくことができるのだ。最近は『ALFA MUSIC LIVE』の感想を書いてくれた。

LAの友達で投稿が多いのは、ホルヘ・カランドレリの同級生で駐仏アルゼンチン大使を務めたフェルナンド・ゲルバルドで、自分の作ったレコード（フェルナンドは作曲家でプロデューサーでもある）や、1950年代から70年代ぐらいの名作のYouTube動画を上げてくる。ホルヘと僕が一緒に作った曲に、自分で映像を付けて上げてくれたこともある。

ヘンリー・マンシーニやジェリー・ゴールドスミスのご指名ピアニストだったマイク・ラングもYouTubeから掘り出し物の音源や映像を見つけては上げ続けている。マイクのクラシックとジャズの楽譜コレクションがすごいものだと2年ぐらい前に本連載「LAについて」で書いているが、そういう人が上げてくる音や映像はやはり良いものが多い。最近ではクリント・イーストウッドが2003年に作ったレイ・チャールズとのインタビュー・ドキュメンタリーの一部を上げてきた（https://www.youtube.com/watch?v=716GbRD-IU）。アート・テイタム、オスカー・ピーターソン、ナット・キング・コールの演奏映像を観ながらピアノについてレイとクリントが話をする。途中レイが「こんな感じなんだよ」と言ってブルースを弾く。島健さん、山川啓太さん見たいでしょう。

最近の投稿で素晴らしかったのは、アルファのエンジニアだった齊藤篤さんが上げてきた伝説のミキサー、アル・シュミットのインタビュー音声だ。アルとは長い付き合いがあるし、最近もホルへの録音の時に、キャピトルスタジオで何回か会っている。かくしゃくとしているので「元気そうだね」と言ったら、「ピラティスをやっているんだよ」と返ってきたことは、かつてこの連載で書いた。（P164を参照）ピラティスとは何なのかも書いたのだが、忘れてしまった人に説明すると〝体幹を強くする訓練法〟で、僕も週一回習っている。腰痛持ちの山上路夫さんにも勧めているのだが、まだ始めていないようだ。

アルはトミー・リピューマとパートナーを組んでA&Mでホライゾン・レーベルを始め、YMOのアルバムはホライゾンから全世界で発売された。僕のアルバム『Beneath an Autumn Moon』（97年）も、アルがエンジニアを務めている。そういう長い付き合いだから、アルが若い頃にニューヨークで録音エンジニアだった叔父さんの紹介で、エーペックス・スタジオで丁稚《でっち》奉公をしていたという話は聞いたことがあった。

今回のインタビューで語られて初めて知ったのは、エーペックスでの19歳のアルの初録音は、デューク・エリントン・オーケストラだったということだ。1950年頃の話だと思う。スタジオの予定表にマーサと書いてあって、その日は週末だったので、丁稚小僧のアルだけがスタジオにいた。週末は素人歌手か素人バンドに毛の生えた程度のものを録音する仕事しかなかったのだが、その日は有名なバンドマンが続々とスタジオにやってきた。やがてデュークがやってきた。オケの録音をするという。マーサというのはデュークの息子の名前だったのだ。アルが「僕はまだ駆け出しでオケの録音など無理です」と告げたら、デュークはアルの目をじっと見つめて〝We are going through, son〟と言ったそうだ。幸いマイクのセッティングのダイアグラムを師匠にもらっていたので、それに従ってマイクをセットして、なんとかさまになる録音になったという。

そうやってエンジニアの道を歩み、今に至るまでパーカー、ガレスピーなどのジャズから、ヘンリー・マンシーニ、サイケデリックのジェファーソン・エアプレイン、クラシックからボブ・ディランまで録り続けている。世のエンジニアにとっては宝物のような話だ。ベースにノイマンのなんとかを1フィート離して設置するとか、ホルンはなんとかのなんとかを宙づりにしてなど、いろいろ出てくるのだが、そのあたりは僕にはわからないけれど、エンジニア志望の人が聞いたらきっとすごく勉強になると思う。

フェイスブックは結構おもしろい。しかし『てりとりぃ』のような少数のための印刷媒体というのも貴重だ。最近の桜井順さんの官製唱歌と童謡の話などは、桜井さんの反骨精神が伝わってくる優れた文章だ。山上路夫さんが書いたいずみたくさんの思い出や、本城和治さんの当時珍しかった海外録音の話、草野浩二さんのポップス黎明期の話など、いずれも歴史に残るものであろう。新年に際し、『てりとりぃ』のますますの発展を期待している。

（2016年1月）

47 マイク・ストーラー「監獄ロック」を歌う

朝妻《あさつま》一郎さんと時々食事をして情報交換するのだが、その時にマイク・ストーラーという作曲家が1950年代以降のアメリカのポップスの歴史のなかで非常に重要な人だということは聞いていた。1950年代に中学生だった僕はモダンジャズに凝っていて、チャーリー・パーカー、マイルス・デイヴィス、チェット・ベイカーなどを聴き込み、『スイング・ジャーナル』を定期購読し、マイルスが音楽を担当した『死刑台のエレベーター』（58年／ルイ・マル監督）を始めとするフランスのヌーヴェルヴァーグ映画まで観るジャズ少年だったので、アメリカのポップスにはあまり詳しくない。といっても、ラジオやテレビから流れてくるプレスリーなどは自然に耳に入ってきたので少しは知っている。

LAの仕事仲間のサイーダ・ギャレットは、クインシー・ジョーンズとマイケル・ジャクソンが公開オーディションで800人のなかから選んだマイケル・ジャクソンのデュエット相手で、歌もうまいが詞も書ける女性だ。ナンバーワン・ヒットになった「アイ・ジャスト・キャント・ストップ・ラヴィング・ユー」をマイケルとデュエットしたほか、「マン・イン・ザ・ミラー」の作詞も手掛けた。ヘンリー・クリーガーと一緒に書いたミュージカル『ドリームガールズ』の「ラブ・ユー・アイ・ドゥ」でグラミー賞を受賞した。本当に優れたソングライターだ。僕は彼女とLAのすし屋のカウンターで偶然隣り合わせになり、意気投合して一緒に曲を書いた。「ドリーム・オブ・ユー」という曲だが、2～3年温めていたら、コーエーというゲーム会社の『仁王』というゲームの主題曲に選ばれて来年発売になる。

そのサイーダと旦那さんのエリックから招待状が届いた。ウエストウッドのハマー美術館内にある200人ほどの小さな劇場で内輪の音楽会があり、サイーダも歌うということだった。

コンサートの内容はあまり詳しく知らずに出かけたのだが、いきなり80過ぎの長身の男が普段着で現れ、よろよろとは言わないが、年齢相応の歩き方でピアノの前に座り、イントロを弾き始めた。最初に玄人好みのコードを8小節ほど弾いたから、オー、やるじゃないかという感じがした。どこかで聴いたことのあるメロディーを歌い出したが、歌はあまりうまくない。ピアノの音も切れが悪いから、本職のピアニストではないことはすぐにわかった。メドレーの次の曲に移ると、その曲はブギウギみたいに左手でベースラインを弾き、右手で8分音符をたたくスタイルだった。

英語の歌詞は僕には聴き取りにくいが、47番目の囚人が、というようなことを歌っている。メロディーと総合して考えると、これは「粋な看守の計らいで」という日本語の歌詞で始まるミッキー・カーチスやかまやつひろしが歌っていた「監獄ロック」だった。プレスリーが体をくねくねさせて歌っていた映像も思い出した。次に「ユー・エイント・ナッシング・バット・ア・ハウンド・ドッグ」という僕でもよく憶えているプレスリーの曲を歌い、途中で左手を間違えてしまい、やばいと思ったら持ち直して「サンキュー」と言った。それで僕はこの人がすっかり好きになってしまった。そう、この人物こそ、マイク・ストーラーその人だったのだ。

一息ついてトークが始まった。なんとかいう曲が当たって、5000ドルもらったので、ヨーロッパ旅行に行っていろいろなものを見た。当時の5000ドルはたいした使いでがあった。イタリアから豪華客船に乗ってニューヨークへ帰る途中、ストックホルムの港のあたりでほかの船に衝突（ヒット）されて死にそうになったけれど救助された。やっとの思いでニューヨークの港に帰りついたら、相棒で作詞家のジェリー・リーバーが迎えにきていて「ビッグ・ヒット、ビッグ・ヒット！」と興奮していた。船のヒットのことかと思ったが、ジェリーは自分が作詞し、マイクが作曲した「ハウンド・ドッグ」をプレスリーがカバーして大ヒットになったことを言っていたのだ。

その後マイクはLAに住むようになり、いろいろ書いたと言って何曲か歌ったのだが、みんなどこかで耳にした記憶のあるいい曲だった。コードを3つしか知らなくてもいい曲を書ける作曲家もいるが、マイクはいろいろな音やコードに興味を持っているようで、曲に多彩さが感じられた。家ではクラシック音楽を聴いているのではないかと思った。

20世紀前半のニューヨークでは、イタリア人、アイルランド人、ユダヤ人、黒人、中国人などが隣り合わせに住んでいて、お互いに文化的な影響を与え合ってアメリカの文化を作った。マイク・ストーラーもその一人である。

その後、サイーダが何曲か歌ったのだが、さすがマイケルと全世界を回ったトップシンガー、ピアノ一台の伴奏でも大迫力の歌唱を披露。「マン・イン・ザ・ミラー」で会場を盛り上げた。

（2016年2月）

48
ブリュートナーのピアノ

ブリュートナーというピアノがあることを最近まで知らなかった。

僕の隣の家には、長い間女優のジョディ・フォスターが住んでいたのだが、オーナーが若いカップルに代わった。デイジーというアメリカ人の女性投資銀行家とスイスのチューリッヒから来たバルツという名の建築家のカップルだ。

家に呼んで一杯飲んでいるうちに、音楽好きの二人と話が盛り上がり、以前我が家で開いていたホーム・コンサートを彼らの家でやろうということになった。僕の家だと20人も入ると窮屈になってしまうが、彼らの家は大きいので、40人ほど招いてコンサートができる。

問題はピアノがないこと。将来的にはグランドピアノを買いたいのだが、とりあえずレンタルしようということになった。ビバリーヒルズのスタインウェイに電話をしたら、ちょっと予算をオーバーする。どうしようかと考えていた時に、たまたま編曲家のホルヘ・カランドレリとピアニストのソニア・ベルースヴァと食事をしていたら「ブリュートナーがいいよ」と推薦してくれた。ソニアはサンクトペテルブルク出身の若手女性ピアニストで、アルバイトで僕のウェブサイトを作ってくれている。

早速、クリスチャン・ジャコブとブリュートナーの代理店に出かけ、いくつかのピアノを見せてもらった。もうそろそろ90歳になる母親が店を取り仕切り、息子が運搬などの手伝いをしている。母親はドイツとフランスの国境付近で生まれ、一時はフランス領になったり、ドイツ領になったりした町で育ったという。クリスチャンの故郷、フランスのメッツの近くの町だ。それで昔話が長くなり、かなりの時間を店で過ごした。

クリスチャンに試し弾きをしてもらったら「とてもいい」と言う。予算にも合うので、あとはバルツに託し、僕は急ぎの用で日本へ帰った。

LAに戻った翌日、ピアノが搬入され、ちょっと弾いてみたら妙に肌触りが良い。今時珍しいアイボリーの鍵盤だった。ホーム・コンサートの朝、調律師が来て「このピアノとは長い付き合いなんだ」と言っていた。

ウェブでブリュートナーの歴史を調べたら、創立は1853年で、ライプツィヒで作られている。ライプツィヒは冷戦時代からベルリンの壁が崩壊するまで東ドイツに属していた。それで西側ではブリュートナーを知る人が少ないのだなと思った。反対にロシアで勉強したソニアのようなピアニストは、みなブリュートナーを弾いていたのだろう。

ライプツィヒのことも調べてみた。大バッハはここで作曲活動をした。その前マルチン・ルターが宗教改革に邁進したのもこの町だ。ルターは自ら作曲し、みんなが歌えるような讃美歌を奨励した。バッハが働いた教会もプロテスタント教会だ。シンフォニー・オーケストラも超一流らしい。少年合唱団はウィーンが有名だが、トーマス教会少年合唱団というのがウィーンと同じぐらい良いらしい。ワーグナーもここの生まれで、日本人では滝廉太郎や斎藤秀雄もここで学んだそうだ。

ライプツィヒ大学ではゲーテやニーチェや現首相のメルケルも学んだ。ノーベル物理学賞受賞者の朝永振一郎も留学生だったようだ。いやー、知らなかったな。フランスにばかり行っていて、ドイツの土地勘や歴史について不勉強だったことに気が付いた。いくら本を読んでも結局何も知らないで死んでいくのだなと思った。知っていることには限りがある。

演奏会当日のプログラムは、クリスチャンがソロを弾き、バイオリンのカラブレア・フォティが歌もうまいので、デイジーの大好きなガーシュインの「エンブレイサブル・ユー」を歌い、カラブレアの旦那のボブ・マックチェスニーがトロンボーンを吹いた。「オール・ザ・シングス・ユー・アー」をクリスチャンと二人でやったのだが、昔チャーリー・パーカーが作ったイントロをもっと現代的にやっていて、格好良かった（こういうことは知っているんだよね）。

昔、渡辺貞夫さんがLAで同じ曲を演奏した時にイントロが格好いいので「これ、貞夫さんが書いたの?」と聞いたら「チャーリー・パーカーだよ」と教えてくれたのだ。

最後のパートは2013年に僕が書いた音楽劇『カリオストロ伯爵夫人』の音楽をクリスチャン、カラブレア、チェロのアルメン・サジキアンの3人で演奏した。CDを録音した時のメンバーだ。観客には音楽家がたくさんいた。ホルヘ・カランドレリ、ハービー・メイソン、マイク・ラングらに加えて、B'zのＴＡＫ松本、日向大介、村山晋一郎らも来た。
マイク・ラングはピアノを見て「あ！　ブリュートナーだ」と叫んでいた。知っている人は知っているんですね。

（２０１６年３月）

49 エブリシング・マスト・チェンジ

ここのところ自伝の執筆で忙しい。講談社の原田隆さんからの依頼で気軽に引き受けたのだが、思ったより大変で苦戦している。『てりとりぃ』とはまず分量が違う。それに『てりとりぃ』の読者は知っている人ばかりだから気が楽で、どんどん書ける。この大変さを作曲にかかるエネルギーに換算すると、ミュージカル一本分ぐらいかそれ以上になるだろう。

２０１３年に書いた音楽劇『カリオストロ伯爵夫人』はいまだに好評で、近々ＤＶＤが発売になると演出の倉田淳さんから連絡があった。もう少しストーリーを簡略にして、再演も考えているという。

先日ＬＡで音楽仲間のコンサートをやって、その時『カリオストロ伯爵夫人』の一部をピアノトリオで演奏したのだが、それも好評で、バレエ曲に書き直したらという意見が出た。それで今はバレエについて研究中だ。やはり何をやるにも一生懸命やれば後に残るものができるかもしれない。自伝も徹底的に全力を振り絞って書こうと思っている。

しかし、まだ生まれてから慶應ライトミュージックソサイエティの卒業コンサートで初めて曲を書いたあたりまでしか進んでいない。前途遼遠《ぜんとりょうえん》、気が遠くなる。学校時代の思い出などは、暁星時代の同級生で都立大学名誉教授の磯部力《つとむ》君に見てもらって、名前、年代、そういう事実があったかとか、意見をもらっているのだが、さすが長年生徒の論文を読んできた人なので、修正のポイントがしっかりしていて助かる。

アルファミュージックを作った時に「マイ・ウェイ」の仏文の出版契約書を読んでくれたのも磯部君だ。磯部君のフランス留学中には、ミシェル・ルグランの家でミシェルと一緒に夕食を共にしたこともある。

磯部君の息子の哲君も慶應義塾大学法科大学院の教授で、親子で行政法の専門家なのだが、哲君がバチカンのローマ教皇庁科学アカデミー客員会員に選ばれたとメールがあり、教皇フランシスコと握手している写真が添付されていた。

「おめでとう」とメールして「こちらも親バカだが」と断ったうえで、僕の息子のヒロ・ムライがついにテレビシリーズの監督をすることになり、FXというFOXのチャンネルで放送される『Atlanta』という番組だと書いた。チャイルディッシュ・ガンビーノの名でラッパーとしても活躍するドナルド・グローバーが主演する。

もう次の世代が一線で活躍している。

そういえば来年は僕の慶應同期が卒業50周年になり、入学式に呼ばれる。卒業生代表委員の仲間が教えてくれた。同期は全学部で6000人ほどいるのだが、2割以上がすでに亡くなっているそうだ。ああ！

桜井順さんから「何かやりたいことがあったら、75歳ぐらいまでにやっておかないとその先はどうなるかわからないよ」とアドバイスしていただいたことを再び思い出した。

今後、自伝が作曲やレコード制作の話に進めば、本誌『月刊てりとりぃ』の濱田編集長に質問を浴びせることになるだろう。よろしくお願いします。

泉麻人さんが書いた懐かしの名盤に関する本が届いて、表紙を見たら吉田美奈子の『FLAPPER』やYMOのLPジャケットに囲まれた泉さんが写っていた。後でゆっくり中身を拝見します。

LAは例年より雨が多く、水不足も解消しそうだ。あちらこちらに高層の建物がにょきにょきと建ち出している。グーグルもシリコンバレーが手狭になってきたので、ロサンゼルス国際空港（LAX）のそばに引っ越してくる。今後ますます交通渋滞がひどくなるだろう。広い空と、すいた道を大きな車がゆっくりと走る1970年代のLAが懐かしい。

ベナード・アイグナーの名曲を歌いながら、たくさんのビルが建設中のサンセット大通りを運転した。歌詞は「Everything must change. Nothing stays the same.」と始まる。

大統領選が毎日テレビのニュースで流れている。バーニー・サンダースというユダヤ系の老人が自分は社会主義者だ、教育費をタダにするとか言って若い人に人気があり、時としてヒラリー・クリントンに州別の民主党候補者選びで勝ったりしていて面白い。女性の大統領は初めてだし、万が一、バーニーが大統領になれば、初のユダヤ系大統領になる。本当に「エブリシング・マスト・チェンジ」だ。

（2016年4月）

50 自伝を読み漁る

自伝を書くのが大変だ。講談社の原田さんに今まで書いたものを送ったら、「年内に装丁とかを決めて、来春出しましょう」とメールが届き、ホッと一息ついた。時間ができたので他の人がどんな自伝を書いているのかリサーチしようと思って、LAの家にある伝記本をひっぱり出し、片っ端から読みまくっている。

日本生まれの宣教師の息子で、ケネディ大統領の時に駐日アメリカ大使になったハーバード大学教授、エドウィン・ライシャワーの自伝を読んだ。大使を務めた1961〜66年は僕の高校から大学卒業直前までの時期で、当時の出来事を書いているのだが、僕が音楽に夢中になっている間にいろいろなことが起きている。1963年にケネディ大統領が暗殺され、翌64年にはライシャワー大使が精神異常者の出刃包丁によって右太腿から膝に達する大きな傷を負う。その年に東京オリンピックが開催され、翌65年に池田勇人首相が急死する。そんななかでベトナム戦争がどうにもならない状況になってくる。

1981年から88年まで、アメリカ大使館公邸の真裏の狭い路地にある家に住んでいたので、まだ2歳とか3歳だった子供たちと付近をよく散歩した。ホテルオークラの宴会場入り口の右側の塀に沿って細長い小さな公園があった。オークラの敷地ではなく、東京都の公園だったと記憶しているが、よくそこで子供たちと遊んだ。

土地になじみがあるので、ライシャワーさんが刺される事件の描写などが生々しく伝わってくる。精神異常者は公邸の塀を登り、公邸から門をくぐって大使館（事務棟）に行こうとしていたライシャワーさんと遭遇し、切りかかった。ライシャワーさんは坂を下ってすぐにある虎の門病院目がけて猛スピードで走る車のなかで「もっとゆっくり行け。そんなにスピードを出すとあぶないよ」と叫び続けた。大使館から虎の門病院まで歩いて5分もかからない。運転手を始めスタッフはかなり緊張していて、1秒でも早く病院に送りたかったに違いない。

ミシェル・ルグランの自伝をもう一度じっくり読み直した。『シェルブールの雨傘』（ジャック・ドゥミ監督）が1964年、『ロシュフォールの恋人たち』（同）が1967年の作品だ。

1967年に僕はフィリップスの本城和治さんと知り合い、ヴィッキーの「待ちくたびれた日曜日」を書いた。虎ノ門のフィリップス・レコードの事務所に本城さんを訪ね、日本で発売されていないミシェルのレコードを発掘して家に持ち帰り、擦り切れるほど聴いた。『ルグラン・シャント』と『ロシュフォール』のオーケストラ・バージョンの2枚だ。なんでこんな魔法のようなオーケストレーションが書けるのかと驚嘆した。

「マイ・ウェイ」を作曲したジャック・ルヴォーが『ロシュフォール』のサウンドトラックに歌手としてクレジットされているのを最近発見したのだが、ミシェルの自伝のなかにもルヴォーについての言及があり、本当にルヴォーが歌っていることが確認できた。「シャンソン・ド・マクサンス」がそれだ。この曲は音が上がったり下がったりして、歌うのが大変な曲だ。ミシェルはビル・エヴァンス演奏の同曲が素晴らしいと書いている。英題は「You Must Believe in Spring」だ。

自伝でミシェルが褒めているカバーの一つがギル・エヴァンスの編曲によるマイルス・デイヴィス演奏の「リラのワルツ（Once Upon a Summertime）」だ。早速ひっぱり出して聴いた。非凡な編曲家と演奏者によって「リラのワルツ」はまったく違う宇宙を作り出している。

読み終えて、ミシェルのような天才が書く自伝はいいけど、僕なんかが書いてもあまり意味がないんじゃないかと感じた。

朝吹登水子さんからいただいた『八十年を生きる』（朝吹磯子著）を読み直してみた。登水子さんはフランソワーズ・サガンの翻訳で有名なフランス文学者だ。兄の朝吹三吉先生は慶應のフランス語の先生で、その息子の誠は僕より1学年下でフィンガーズというバンドをやっていた。成毛滋や高橋幸宏の兄信之、斎藤茂一、シー・ユー・チェンや蓮見不二男が一緒だった。朝吹磯子さんは登水子さんの母上で、プロペラ髭で有名な長岡外史将軍の娘だ。

磯子さんは1889年に父親の任地仙台で生まれ、三井の重役、朝吹常吉と結婚した。テニスの名手で全日本ダブルスのチャンピオンになった。朝吹家の軽井沢の家にはテニスコートがあって、その横に登水子さんが御殿場の古い民家を移築して夏を過ごしていた。夏以外はベルサイユに住んでいた。僕はポリスのメンバーだったアンディ・サマーズと一緒に登水子さんを訪ねたことがあり、磯子さんともその頃にお会いした。

本の内容は日清、日露、第一次世界大戦に勝って上昇する日本の上流階級の生活が描かれていて、将来貴重な史料になるだろう。なかには朝吹常吉がひいきにしていた芸者、花柳寿美のことまで書いてある。しょうがないと思っていたが、着物に朝吹の家紋を付けた時には腹がたったと磯子さんは書いている。自伝は大変だ。次は大橋巨泉の『ゲバゲバ70年！　大橋巨泉自伝』を読もうと思っている。

（2016年7月）

51 「翼をください」が生まれた頃

先日、ＢＳフジで放送された『HIT SONG MAKERS　栄光のJ-POP伝説――山上路夫編・人生を刻んだ言葉』のＤＶＤが郵送されてきたので早速観たのだが、傑作ドキュメンタリーだ。何が良いかというと、山上さんの瓢々《ひょうひょう》とした温かみのある話のなかに、詞を書くことに対する強い信念が感じられることだ。「自分の人生を大切に生きて、自分の生活のなかにある詞を書くことが大事だ」と語っている。

映像で良かったのは、山上さん自筆の原稿が何回か出てきて、独特の筆跡からメッセージが伝わってきたことだ。

僕にとってこの原稿用紙と筆跡との付き合いは、そろそろ50年になる。山上さんとの最初の作品「雨あがりのサンバ」は１９６７年か68年に書き、森山良子が歌い、シングルのB面として発売されたのが１９６８年だ。以来、山上さんと一緒に数えきれないほどの曲を書いてきた。最新作は昨年、２０１５年の『ALFA MUSIC LIVE』のために二人で書いた「音楽を信じる――We Believe in Music」だ。一貫して同じ原稿用紙、同じ筆跡だ。

一時期、ワープロで書いた詞をもらったことがあったが、すぐ元に戻ってホッとした。やはりワープロより山上さんの手書き原稿を見ているほうが、イメージが膨らんでくる。

番組で山上さんは「多い時は一年に300曲ほど書きました」と言っていたが、それはきっと1960年代末のことだろう。

山上さんが作詞し、僕が作曲して、トワ・エ・モワの歌で大ヒットした「或る日突然」は1969年に書かれている。その頃は僕もたくさん曲を書いていて、おまけに69年は音楽出版社アルファミュージックを創業して東京とパリを行ったり来たりしていて忙しかった。

山上さんはその頃のことを振り返っている。一緒にパリに行った時の思い出だ。「パリのバークレイ出版と契約している作詞家と話をしたら、その人は年に7曲ほど書いて後はテニスをしているというので、恥ずかしくて300曲も書いていると言えなかった」。当時の日本では、サラリーマンから作詞・作曲家まで、誰もが猛スピードで仕事をしていた。


1968年にはいろいろな大事件が起きているが、僕はその頃、新聞を取っていなかった。仕事が忙しくて読むひまもないうちに新聞がたまってしまい、ごみの山になってしまうからだ。しかし新聞を読まなくても何が起こっているか少しはわかっていた。いろいろな人たちと毎日会って話を聞いていたからだ。

1968年に起きた出来事を列挙すると、パリの五月革命、マーティン・ルーサー・キング牧師とロバート・ケネディの暗殺、コロンビア大学を始めとした米国の大学のベトナム戦争反対運動などだ。

五月革命はパリのサンジェルマン大通りの南、フール（かまど）通りで警官隊と学生が衝突して始まり、学生は石畳の道から掘り出した石の塊を投石した。これは結構大きな塊で破壊力がある。以来、パリの由緒ある通りの石畳はアスファルト舗装に変えられてしまった。

僕がよく食事に通った有名ディスコ「キャステル」はそのフール通りの細い脇道、プランセス小路に今でもある。向かいの店にレッド・ツェッペリンのポスターが何年も飾ってあった。最近CNNが『シックスティーズ』という1960年代に起きた事柄や音楽のドキュメンタリーを発表して評判が良かったので、ネットフリックスで観た。

ロバート・ケネディは民主党大会で大統領候補に指名され、そのままいけば大統領になったはずだったのに、LAのアンバサダーホテルで行われた祝勝会の後、ホテルのキッチンを抜けて帰る途中に拳銃で撃たれて亡くなった。こう書けばあっさりとしたものだが、ドキュメンタリーの映像で観ると衝撃的だ。

ロバート・ケネディが暗殺されたので、民主党はばらばらになり、共和党のニクソンが大統領になった。ニクソンはベトナムから手を引こうとして、ヘンリー・キッシンジャーを補佐官にしてパリで交渉させたが、まったく話にならなかった。1969年、僕が初めてパリを訪れた頃のことだ。

ソ連と中国が国境で一触即発の対立状態になった時、キッシンジャーは周恩来と秘密会談を行って米中国交回復を画策し、米軍のベトナムからの撤兵をやっとできるようになるのだが、米軍撤兵後も戦争は1975年まで続いた。

山上さんと僕の代表作「翼をください」はそんな時代のなかで発表された。1971年のことだった。『HIT SONG MAKERS 栄光のJ-POP伝説』やCNNの『シックスティーズ』を観ると、当時は山上さんや僕、キッシンジャーの髪の毛はまだ真っ黒だったことがわかる。


（2016年8月）

52

テロルの衝撃

7月14日、日本では「パリ祭」、英語圏では「バスチーユ・デイ」と呼ばれるフランスの革命記念日に、南仏ニースでトラック・テロが起きた。85人の死者が出て、大変な衝撃を受けた。

このあたりは世界有数のリゾートだ。19世紀末から「英国人の散歩道」と呼ばれている海岸道路には、ネグレスコなどの大ホテルとホテル専用の海水浴場がいくつも並んでいて、トップレスの女性が日光浴している。

ニースの西隣のカンヌは国際映画祭で有名だが、1960年代から冬季にレコードと音楽出版の見本市「MIDEM」が始まり、今も続いている。僕は1970年から1980年初めにかけて毎年MIDEMを訪れた。

カンヌはニースをうんと小規模にしたような海岸の町で、クロワゼットと呼ばれる海岸道路に、マルティネス、カールトン、マジェスティックなどの大ホテルがある。海岸にホテル専用の海水浴場があり、トップレスの女性がいるのはニースと同じだ。もっともMIDEMのある1月や2月は寒いから海岸には誰もいない。

MIDEM以外の時期には、ニースとカンヌの中間にあるアンティーブ岬の突端に位置する、写真家でアフリカ美術の蒐集家のジャン・ピゴチという友人の持っている広大な別荘によく泊まりに行っていた。レンタカーを借りてカンヌ、ニース、モナコ、国境を越えてイタリアのサンレモまでよくドライブしたものだ。

ある夏はLAの隣人で友人のエイブ・ソマーの家族と僕の家族で船を借り切り、この付近を航海した。乗船したのはサンレモで、一度サントロペまで南下し、カンヌの洋上で一泊した日がちょうど革命記念日、1994年の7月14日だった。

年まではっきり憶えているのはサッカーのワールドカップの年だったからだ。航海の途中に立ち寄ったイタリアのひなびた海辺の村のバーで、地元の人たちとイタリアとブラジルの決勝戦をテレビで観た。試合はPK戦にもつれ込んでイタリアが敗れ、村人たちは肩を落として静かに去っていった。可哀想にと思った。

話をカンヌに戻そう。革命記念日のお祝いの花火大会を海上から見るため、カンヌの海を埋め尽くすほどの船が集まってきた。小船から70メートルを超す大型船までさまざまだった。

陸側もクロワゼットに大勢の人々が集まり、花火を楽しんだ。僕はこの時の思い出を「Fireworks in Cannes」という曲にした。2001年にソニーから発売された『A Taste of Blue』というアルバムに入っている。

ニースの事件もほぼ同じ状況、つまり海にたくさんの船が集結し、海岸道路にも多くの観衆が押しかけている最中に起きた。海岸道路の観衆にトラックが突っ込んできたのだ。なんてひどいことをするのか。フランス中の狂人たちが連鎖的に事件を起こし続けている。

ヨーロッパは過激派組織「イスラム国」（IS）関係の事件が多いが、アメリカでは人種対立、黒人対警察官の事件が続発している。先週、ダラスに住むチェロ奏者の岩崎洸さんが車を運転してLAまでやってきて、我が家で昼食をご一緒したのだが、岩崎さんによると、ダラスで人種偏見反対のデモを取り締まる警察官に対し、元軍人で狙撃兵だった男が発砲して5人の警察官の命を奪ったそうだ。警官が丸腰の黒人を射殺する事件が続発したので、その報復だという。

憎しみと報復の連鎖は早く断ち切らなければひどくなるばかりだ。射殺された警官の追悼式にはオバマ大統領も出席して、報復の連鎖を止めるようにと演説した。しかし、今、原稿を書いているこの朝に、黒人男性が南部バトンルージュで警官3人を死亡させ、3人に重傷を負わせる事件を起こしている。この連鎖はどう収束するのだろうか？

身近なところでは、先月UCLAの教授が教室で射殺され、キャンパスが大混乱した。教授に恨みを持った元教え子の個人的な犯行だったが、一時はテロかと緊張が走った。
アメリカでは2億7000万もの銃器が個人によって所有されているらしい。なかには一時に多くの人間を殺すことのできる高性能の自動銃もある。そんな銃でもアメリカ人なら誰でも買うことができるのだそうだ。何しろ憲法に銃を持つことの自由が書かれているし、全米ライフル協会のロビー活動が強力で、銃を制限する法律が議会を通りにくい。
金曜の夜、エイブ・ソマー夫妻と僕と家内で、サンタモニカ通りにできた新しいレストランに出かけて食事をした。魚や肉もあるが、どちらかといえばベジタリアン寄りの新しい料理を出す店で、40歳前後の客で超満員だった。道に面したガラス張りの壁の向こうから自動銃を乱射する男のイメージがちらっと頭をかすめた。そういうことがあってもちっとも不思議ではないと覚悟を決めて名物のコーン・ブレッドを食べた。恐ろしい世の中になったものだ。

（2016年8月）

追記——MIDEMは2015年から6月に開催されるようになった。

53

作詞家アラン・バーグマンが歌う

アランとマリリン・バーグマン夫妻は、ミシェル・ルグランの曲の作詞で知られている。島健さんと島田歌穂さん夫妻のお気に入りの作詞家チームだ。クリスチャン・ジャコブとティアニー・サットンがハリウッドにあるジャズクラブ、カタリナ・バーで、アランをゲストに迎えて一夜演奏するというので出かけた。

マリリンは長いことASCAP（日本のJASRACのような音楽著作権の管理団体）の代表を務めていたので、パーティーの時に少し挨拶したことがあるが、アランと会うのは初めてだった。例によってすごいテクニックを駆使するティアニーとクリスチャンの白熱の演奏の後、ティアニーがアランを紹介した。

現れたのは白髪の長身の男で、老人といえば老人だけど、結構元気そうで人に好かれそうな男だった。最初に「What Are You Doing the Rest of Your Life?」（邦題「これからの人生」）というミシェルの曲を歌った。この曲の出だしの一小節はドレミファソラと始まる。ただしソがシャープになって半音上がるので、多くの歌手や演奏家がライブでてこずる曲なのだが、なんとかこなした。低い声は音程にならない語りのようになっているが、高いほうは音程も良く、たいしたものだった。言葉を音に乗せていくという点では、そこいらの歌手には到底真似のできない良さがあった。しっかりと詞が人に伝わるように歌っている。その辺が優れた作詞者の真骨頂だ。音楽と言葉を知り尽くしている。

1曲か2曲やっておしまいだろうと思っていたら、どんどん曲を歌った。「Summer of '42」(「おもいでの夏」)「The Windmills of Your Mind」(「風のささやき」)などのミシェルのアカデミー賞受賞曲を次々に歌い、ミシェルとの出会いについて語る。1966年に映画監督だかプロデューサーだかのブルックという人の家のテニスコートでミシェルを紹介されたという。LAではちょっとした家にはプールとテニスコートが付いている。

その頃はLAの音楽業界では、ゴルフよりもテニスが流行っていて、みんなゴルフクラブではなく、ラケットを振っていたものだ。「ミシェルとは、一緒に曲を作る前にテニスをしたんだよ」と話した。

人と人の出会いは不思議なもので、この人と組んでアカデミー賞音楽賞を取ってみようと思って会ったわけではない。テニスをしていた時にたまたま出会い、曲を聴いたらいい曲だと思って作詞をしたわけだ。僕も山上路夫さんとたまたま出会い、気が合って、一緒に曲を作り始めた。でも全部がたまたまではない。アランはフランス人のミシェルの曲がいいと思って詞を書いたのだろう。アメリカ人の曲とはずいぶん違う曲だ。僕も山上さんもお互いに良い詞だな、良い曲だなと思ったから一緒に歌を作り続けた。アランとマリリンもミシェルの曲が好きで詞を書き始めたのだということは間違いない。

そんなに長く話したり歌ったりしたらくたびれてしまうのではないかと心配していたのだが、アランは歌うたびに元気になっていくようで、ティアニーとデュエットまで始めた。

歌う曲もミシェルとの出会い以前の曲になって、フランク・シナトラの歌った「Nice'n'Easy」が出てきて、この詞もアランが書いたのかと初めて知った。僕が中学生だった頃のキャピトル時代のシナトラの録音で、懐かしかった。

話はどんどん続き、アランがクインシー・ジョーンズやデイヴ・グルーシン、モーリス・ジャールら、僕の大好きな作曲家たちとたくさん曲を書いていることがわかった。

モーリス・ジャールの曲は、映画音楽では『ドクトル・ジバゴ』（65年／デビッド・リーン監督）が最も有名だろう。あとからポール・フランシス・ウェブスターが「Somewhere My Love」という詞を書いて世界中でヒットした。晩年マリブに住んでいた頃、彼に誘われて20世紀フォックスのスクリーニング・ルームでデビッド・リーン監督の『アラビアのロレンス』（62年）を一緒に観たことを思い出す。

息子のジャン・ミッシェル・ジャールと奥さんのシャーロット・ランプリングや、画家の今井俊満さんと東京のイタリア料理屋で食事したこともあった。シャーロット・ランプリングは、僕の大好きな映画『愛の嵐』（74年／リリアーナ・カヴァーニ監督）でダーク・ボガードと主演していて、気になる人だったが、すごく、ほとんど病的にやせていた。

アランのライブは最後に年齢の話になり、もうすぐ90歳になると聞いてびっくりした。歌も話もしっかりしていて、粗相といえば、足元のティーカップを間違って蹴とばしたぐらいで、心身の異常はまったくない。彼を見ていて、まだ80歳そこそこの山上さんにも歌ってもらおうかと考えた。

（2016年9月）

54

クリント・イーストウッドのお墨付き

今年の初めの頃だったか、クリスチャン・ジャコブが「サンタバーバラのジャズクラブで弾いていたら、クリント・イーストウッドが聴きにきていて、自宅の電話番号を尋ねられた」と言っていた。クリント・イーストウッドは大のジャズ好きで、チャーリー・パーカーの伝記映画『バード』（88年）を作り、メリル・ストリープとの共演で大ヒットになった『マディソン郡の橋』（95年）に、ジョン・コルトレーンとジョニー・ハートマンが共演した1960年代のアルバムから「マイ・ワン・アンド・オンリー・ラブ」を使っている。僕の愛聴盤の一つなのだ。

イーストウッドのような音楽通、ジャズ通がクリスチャンのピアノを評価しないわけがない。クリスチャンに「きっと、いつか電話がかかってきて、映画の仕事がくるよ」と言ったのだが、半年ぐらいは何も起こらなかった。それが今年の夏の前から急速に動きがあった。クリスチャンとティアニー・サットン・バンドがNYのバードランドで1週間のライブを終えてLAに帰ってきたので、久しぶりにクリスチャン夫妻と夕食を共にして近況を語り合ったのだが、クリスチャンは「クリントから電話があって、今度カタリナ・バーに聴きにくると言っていた」と言う。本当に聴きにきたクリントから「今作っている『SULLY』（邦題『ハドソン川の奇跡』）という映画をティアニーと二人で手伝ってくれ」と言われたのだそうだ。

しばらくして、再びクリスチャン夫妻と会食した。二人とも興奮気味だった。「どうした？」と聞いたら「クリントに呼ばれて行ったら、ワーナーの撮影所に『クリント・イーストウッド・サウンドステージ』という場所があって、そこで映画の一部を観せられた。ピアノとスキャットの曲を書いてくれと言われて、2、3日後にサウンドステージに持っていったら、すぐ録音ということになった」と話してくれた。

まずピアノとスキャットだけ録った。クリントが「僕もこんな曲を書いたんだ」とピアノを弾いたので、クリスチャン流にリハーモナイズして弾いて聴かせたら、クリントは小躍りして喜び、それも録音したそうだ。すると、これらにはストリングスをダビングしたいということで、ストリングス中心のオーケストラ譜を書いてくれと頼まれ、また2日ほどで書いて録音した。40人ほどのオーケストラを指揮して、録音が終わったらミュージシャンから拍手が湧いたそうだ。クリントも大喜び。クリスチャンはめでたくハリウッド映画界に迎えられたわけだ。

この話を聞いたのは2ヵ月ほど前のことだが、クリスチャンに「頼むから誰にも言わないでくれ。まだ本当に映画に使われるか最後までわからないし、ワーナーの広報の人から箝口令《かんこうれい》が出ているんだ」と言われていたので、今まで黙っていた。本当は「クリスチャンがクリント・イーストウッド監督作品の音楽をやったぞ！」と大声でみんなに触れ回りたかったけれど、我慢していたのだ。

『SULLY』のプレミアが9月6日にNYで、9月8日にLAで開かれ、クリスチャン夫妻も招待された。それでやっとこの記事を書けることになった。『SULLY』はまだ観ていないのだが、不時着した旅客機の老パイロットの話で、数年前に実際に起きた事故を主題にしている。二つのエンジンが止まった旅客機をベテラン機長がハドソン川に緊急不時着させ、乗客乗員155人は全員無事だった。映画作りの名人クリント・イーストウッドが監督するのだから、きっとハラハラドキドキの映画になっているに違いない。機長役をトム・ハンクスが演じている。

クリスチャンはフランス北部メッツの生まれ。父親は時計職人で、これはモーリス・ラヴェルの父親と同じ職業だ。クリスチャンの音楽もラヴェルのように厳格だ。4歳からピアノを始め、子供の頃からクラシックのみならず、デイヴ・ブルーベックやオスカー・ピーターソンのピアノをコピーして弾いていたそうだ。その後、彼はパリのコンセルヴァトワールを「一等賞（プルミエ・プリ）」で卒業した。一等を取ればほとんど自動的にコンサート・ピアニストとしての仕事が入ってくるらしい。しかし、ジャズが好きだったのでアメリカに渡り、バークリーで2年ジャズを勉強し、義父のメイナード・ファーガソンのオーケストラでピアノと編曲を担当する。20年ほど前からバークリーの後輩でもあるティアニー・サットンと組み、2013年にはグラミー賞の編曲部門にノミネートされたが、その年は僕のもう一人の親友、ホルヘ・カランドレリがトニー・ベネットのデュエット・アルバムで編曲賞を受賞している。

『SULLY』は今週末ぐらいには一般公開されるので、早速観に行こうと思っている。


（2016年10月）

55 古い友人と日本総領事館で再会

元ロサンゼルスの総領事だったKさんが15年ぶりにLAを訪れるというので、現総領事のCさんが日系人中心に20人ほどを総領事公邸に招き、簡単な食事会を開くことになった。僕たち夫婦も呼ばれた。

日系人のほとんどが高齢者だ。最高齢は98歳で、次が97歳になるジョージ荒谷夫人だ。さらに80代後半の方々がずらりと並んだ。

3年前に亡くなった荒谷さんの夫、ジョージ荒谷はアメリカの日系社会で最も尊敬された実業家で、高齢者施設など多くの社会事業を起こした。もう一人、有名な日系人としてダニエル井上上院議員がいたが、井上さんも数年前に他界している。

お二人とも第二次世界大戦の時はアメリカ軍に従軍し、荒谷さんは情報将校として日本語を教え、井上さんはヨーロッパ戦線に送られた有名な日系人部隊の第442連隊戦闘団で多くの激しい戦闘をして右腕を失った。戦後それぞれアメリカの実業界、政界で大きな実績を残した。荒谷さん、井上さんは二世だから、アメリカの日系社会はすでに四世、五世の時代を迎えているわけである。

僕の隣には、車椅子に乗ったアメリカ人の老人と奥さんが座った。しばらく話しているうちに、だんだん記憶が蘇ってきた。アメリカ人夫妻はリチャードとキャロル・キングという名前だ。音楽家のキャロル・キングと間違われるので、説明するのが面倒くさいらしく、テーブルの名札にはキャロル・スーセックという結婚前の名前が書いてあった。リチャードは日米の親善に尽くして日本の勲章を受章し、キャロルは文学愛好家のためのサロンを長年開いてきた人だ。20年ほど前、総領事公邸でチャリティーイベントが開かれたことがあって、その主催者がY総領事夫人のIさんとキャロルだったのだ。

キャロルの紹介で、詩人のピーター・レヴィットと会い、二人で音楽付きの詩の朗読をやった。ピーターが自作の詩を語るように読み、僕がピアノを弾く。

主要なテーマを二つぐらい書いておいて、あとは即興だ。そのうちの1曲を発展させたものに、作編曲家のホルヘ・カランドレリに手を加えてもらって「Snow」というピアノ曲ができた。その曲はピアニストの関孝弘さんのレパートリーとなり、最近も東京文化会館大ホールで開かれた日伊国交樹立百五十周年記念コンサートで演奏された。

ピーターはユダヤ系アメリカ人で、禅宗のお坊さんだ。時期はちょっとずれるが、僕の息子が通っていたクロスロードという学校の先生もやっていた。

クロスロードはLAの進学校では最もリベラルな学校だ。最初に訪ねた時、講堂にチャーリー・パーカーの写真が飾ってあった。それですっかり気に入ってしまった。音楽や映画の関係者の子弟がたくさん在学していて、父兄会ではよくバート・バカラックに会ったものだ。卒業式で演奏したジャズバンドは、大学生並みにうまかった。

ピーターが読んだ詩は「百匹の蝶」。彼が「アメリカン・スタイル俳句」と呼ぶスタイルで作られていた。〝魂が吊られた洗濯物のように干からびていった〟という詩を今も憶えている。母親を失った時の哀しみを書いていたのだったと思う。

ピーターとは今も付き合いが続いている。最近は禅の大書を書き上げたと言っていた。僕が英語で何か書く時は、必ずピーターに直してもらっているし、英語で曲名を付ける時も必ず彼に頼んでいる。音楽がよくわかる人だから、音を聴かせればぴったりの題を付けてくれる。僕のピアノ曲に「When the Rain Has Left You Lonely, Don't Forget Who Loves You Now」という長い題を付けてくれた。日本語では思いきり短くして、僕が「雨の午後」と命名した。

キャロルが作家のレイ・ブラッドベリと一緒に僕の家に昼食に来た時の話をした。「レイは何でも食べられたのに、クニはレイが肉しか食べないと誤解していた」と言う。その頃の僕は、まだ英語がよく聞き取れなかったのかもしれない。あるいはレイが作家独特の複雑な言い回しをしたせいかもしれない。和食でもご馳走しようと思っていたのだが、肉しか食べないと聞こえたので、近所にあったハンバーガー・ハムレットから上等なハンバーガーを取り寄せて一緒に食べたのだった。

キャロルは僕たち夫婦をダウンタウンにあったLAアール・デコの頃に作られた映画館に招いてくれて、ブラッドベリ原作の映画『The Wonderful Ice Cream Suit』（98年／スチュアート・ゴードン監督）を観せてくれたこともある。ダウンタウンに住むヒスパニック系の人々の物語で、ユーモアと哀しみが一緒にあってとても良かった。リチャードは小さい声しか出なくて、僕が口元に耳を寄せてやっと聞き取れる程度だから会話はなかなか成立しないのだが、当時を懐かしがって嬉しそうな顔をしていた。

帰宅してベッドにもぐり込み、濱田さんからもらった『手塚治虫映画エッセイ集成』をパラパラとめくったら、レイ・ブラッドベリ原作の『火星年代記』（79年／マイケル・アンダーソン監督）の映画評が出てきてびっくり。忘れないうちに書いてしまおうと思って今書いている。以上の話は昨夜のことだ。

（2016年10月）

56

アルファレコードを〝掘る〟アメリカの若者たち

今朝、息子のヒロ・ムライの紹介でマークとマットとヨースケが僕に会いにきた。マークはラジオ局をやっていて、先端的なアートや音楽を取り上げている。ヒロのミュージックビデオを観る会や彼の描いた絵の展覧会などを一緒にやっているそうだ。

マットとヨースケは「Light in the Attic（屋根裏部屋の灯）」という1970〜80年代の米・欧・日の埋もれたレコードの復刻版を発売する会社をやっている。来年はアルファレコードのコンピレーションを大々的にビニールとデジタルの両方でやりたいので、何度か日本に足を運び、キングやソニーとも話しているという。全員30代前半で、僕から見れば若者たちだ。

マークはヒロに「クニ・ムライはもしかして君の親戚かい?」と尋ねたそうだ。「僕のおじだよ」とヒロは答えた。紹介してくれということで家にやってきたわけだ。

「LAではレコード屋を見かけなくなったけど、どこで売るの?」とマットに聞いたら、全世界で約200軒の小さなレコード屋さんと契約していて、細々ながら売るところはあると言っていた。日本のレコード店も訪ねたようで、ディスクユニオンには何度も行ったそうだ。保存状態がいいものがあって素晴らしいとも言っていた。

「去年『ALFA MUSIC LIVE』というコンサートをやったんだ。録画があるよ」と言ったら、ぜひ観たいと言う。それでＷＯＷＯＷの番組を飛ばしながら観せた。ティン・パン・アレーや小坂忠は前からよく聴いていたようだが、生を観るのは初めてらしく、目を皿のようにして観ていた。もう一人すごい歌手がいるよと言って吉田美奈子を観せたら、この人のアルバムを出そうと即断していた。細野やユキヒロを神様のように思っているから、僕が一緒に演奏しているのを観て、大いに感動していた。

彼らはＹＭＯがアメリカやヨーロッパでブレイクした１９８０年代前半に生まれた人たちだから、もうＹＭＯがなくなった90年代以降にＹＭＯを再発見したのだろう。そういえば僕だって１９４５年生まれなのに、１９３８年に録音されたベニー・グッドマンのカーネギーホールコンサートの録音盤を聴いて音楽をやるようになった。最近の僕の音楽への興味は、前へ前へとさかのぼり、19世紀から20世紀初めのクラシック音楽に移っている。過去の音楽に興味を持つ人のことは理解できる。

年末か来年早々、その頃のアルファの話をラジオでしてほしいとマークが言うので「いつでもいいよ」と答えておいた。

先週は1週間の日本ツアーに行った。ＬＡから成田経由で大阪に行き、ビルボードライブ大阪でコシミハルのショーにゲスト出演し、１９７4年に東京音楽祭でグランプリを獲ったルネ・シマールに僕が書いた「ミドリ色の屋根」と、山上路夫さんと書き続けている日本歌曲集の最新作「人を待つ歓びについて」の伴奏をピアノで弾き、ちょっと昔話をした。ルネにグランプリを与えたのは特別審査員だったフランク・シナトラだったとか、そんな話だ。

翌日は新幹線で東京に移動して、ビルボードライブ東京で同じショーをやった。さすがに疲れ果て、楽屋では長椅子で半分寝ていた。

ショーの内容は1930～40年代の英米独仏の音楽で、コシさんはコール・ポーターの「マイ・ハート・ビロングス・トゥ・ダディ」を最初に歌い、その後マレーネ・ディートリヒのレパートリー「Ich bin von Kopf bis Fuss auf Liebe eingestellt」（英題「Fall in Love Again」）や、シャルル・トレネの「Que reste-t-il de nos amours ?」（英題「I Wish You Love」）、さらにエディット・ピアフの「バラ色の人生」などを歌った。どれも僕の大好きな曲だ。コシさんはダンスがうまく、間奏に合わせて踊った。さらにピアノ、アコーディオン、鉄琴まで弾いて楽しませてくれた。伴奏はフェビアン・レザ・パネさんのピアノトリオで最高だった。パネさんは小野リサがフランス語でアンリ・サルヴァドールなどのフランスの曲を歌ったCDで伴奏をしていた人で、前から注目していたのだが、やっと本人と会うことができた。インドネシアの名前を持っているが日本生まれの日本育ちで、芸大を出てジャズをやっている。

楽屋でコシさんのお父さんと会うことができた。お父さんは元NHK交響楽団のファゴット奏者だ。「お父さんのことは昔から聞いていています」と言ったら「娘が私のことを話したのですか？」と驚いていた。コシさんは30年ほど前、僕の家に遊びにきたことがある。クラシック音楽のレコードをかけていたのだが、止めてくださいというので「クラシックが嫌いですか?」と尋ねたら、彼女は「親がクラシックの演奏家で、家で毎日毎日クラシックばかり聴かされてあきあきしているのです」と答えた。「それでお父さんのことを知っているのです」と言ったら笑っていた。

時差ボケが起こる前にLAに帰ってきたら、トランプが大統領選挙に勝ってびっくり。ちょっと刺激が多すぎる1週間でくたびれた。

(2016年11月)

57 自衛隊音楽隊の実力

古い付き合いの後輩、伊藤信太郎からメールが届き、自衛隊音楽隊が日本武道館で演奏した時の録画が添付されていた。父の伊藤宗一郎さんは衆議院議長になった偉い人で、防衛庁長官も務めたことがある。その時、信太郎は長官の秘書官になったから、今の防衛省とも長い付き合いがある。それで武道館の演奏会に招かれたわけだ。

伊藤信太郎は、本当は映画監督を目指していた。ただ夢見ただけでなく、中学から映画作りを始め、高校時代は8ミリ・シネクラブで活動し、大学時代に映画製作プロダクションを設立。

卒業後AFI（アメリカン・フィルム・インスティテュート）で学び、カンヌ・アマチュア映画祭で銀賞を受賞したりしている。その受賞作の音楽を書いたのが僕だ。伊藤は、最後のにっかつ映画、倒産してなくなる前ににっかつが作った『落陽』のプロデューサー、監督補佐、共同脚本を担当し、途中で降板した監督の後を引き継いで実質的に監督を務めた。

アルファではユーミンの「翳りゆく部屋」のミュージックビデオを監督し、このビデオは2012年にユニバーサルから発売されたユーミンこと松任谷由実の40周年記念ベストアルバム『日本の恋と、ユーミンと。』の初回特典DVDに入っている。目白台の東京カテドラルで撮影したビデオには、若き日のユーミン、マンタ、僕、吉田美奈子、ディレクターの有賀恒夫といった面々が映っていて貴重な記録だ。映画界に進みたかったのだが、父親に秘書官を命じられて政治の世界に入り、御尊父の死後は衆議院議員になり、はや15年たってしまった。

伊藤信太郎の話が本題ではない。自衛隊音楽隊のことを書きたかったのだ。録画を見ると、僕と山上路夫さんが書いた「翼をください」が演奏されている。画面では数え切れないが、総勢200人を超すと思われる陸・海・空音楽隊の演奏に合わせて、女性隊員の歌手4人が歌っている。途中からインドの軍楽隊やアメリカの軍楽隊も加わり、みんなでハイタッチしたりしてカジュアルな雰囲気で共演している。どうやら、この映像はショーのオープニングのようだ。とにかく歌もうまいし、演奏もうまい。日本の音楽界全体の水準そのものも上がっているが、特にこの自衛隊音楽隊の吹奏楽は本家アメリカにも引けをとらないほどの実力だと感じた。それにもまして感心したのは、編曲で実にさまざまな工夫がなされていることだ。自衛隊音楽隊内部に編曲者がいるに違いない。だいたい吹奏楽とか、合唱団とか、ジャズ・オケは内部にいる編曲者が書いたほうが、練れた音が出せるものだ。ショーアップする構成も素晴らしく、僕はすっかり感動してしまった。

僕はもともとブラスバンドでクラリネットを吹き始め、その後アルトサックスに変わってジャズ・オーケストラで演奏をしていた（最後はピアノだったが）。華やかなブラスの音を耳にすると嬉しくなってしまう。特にトランペットの高音域がリードし、全体がフォルテで演奏すると「イエイ」という感じになる。これはヘビメタのファンが大音量のギターにしびれるのと同じではないかと思う。

吹奏楽団は19世紀後半に、海兵隊にいたジョン・フィリップス・スーザが偉大な作品群を作曲、指揮して大流行した。海兵隊を辞めたスーザは自前の吹奏楽団を作り、全米をツアーして多くのアメリカ人を楽しませた。

ジャズのオーケストラ編成は、スーザの吹奏楽団からの影響が大きいだろう。南北戦争の後、軍楽隊の楽器が市中に安売りに出されて黒人が初めて楽器を手にしたと、中学生の時に読んだ油井正一さんの著書『ジャズの歴史』に書いてある。

ジャズはニューオーリンズで生まれ、ミシシッピ川をさかのぼり、シカゴやカンザスシティーに広まった。これも多くのジャズの歴史書に書いてある。禁酒法時代のカンザスシティーのモグリ酒場は非常に広く、人々がぺちゃくちゃしゃべるのでうるさかったらしい。それでカウント・ベイシーのバンドは人数を増やして大きな音を出せるようにし、結局、今のような4トランペット、4トロンボーン、5サックス、4リズムというジャズ・オーケストラ編成に落ち着いた。

学生時代、こういう大きな音のするオーケストラと共に暮らしていたから、吹奏楽を聴くと嬉しくなってしまうのかもしれない。

それで、ふとひらめいた。来年は僕の作曲生活50周年の年だから、自衛隊音楽隊を招いて、音楽会をやりたい。つてをたどって感触を探っているのだが、なんだか前向きな感じになってきている。もし実現すれば、普段吹奏楽を聴いたことのない観客も驚き、喜ぶのではないかと夢想している。乞うご期待!

（2016年12月）

追記――2018年6月、海上自衛隊音楽隊東京音楽隊とコンサートをやろうと話し合った。来年、東京工科大学蒲田キャンパスのアリーナで実現するかもしれない。

第6章　2017年

過去に学ばずして創作はありえず

CHAPTER 6

2017〜

58
息子ヒロのゴールデングローブ賞受賞

東京の今年の冬は寒いらしい。山上路夫さんからのメールに「寒い国よりの返信」という題が付いていた。

こちらLAも結構寒くてよく雨が降る。おかげで水不足も解消されるかもしれない。雨上がりのLAの空気は透明で、海や山や広い空がとてもきれいに見えるので嬉しい。さっきも近所のスーパーで買い物をした後、家を通り越して坂の上のてっぺんまで登り、景色を眺めてきた。パロスベルデス半島の向こう側にカタリナ島がくっきりと見えた。LAに住んでいて良かったと思える瞬間だ。

今年もゴールデングローブ賞、グラミー賞、アカデミー賞といった映画賞や音楽賞の季節を迎えた。

去年のグラミー賞の時はソニーの盛田昌夫が関係者をつれて僕の家を訪れ、一緒にテレビで授賞式を観ていた。授賞式は待ち時間が長く、トイレに行くにもセキュリティーがうるさくて面倒なので、式はテレビで観て、その後のパーティーに行っていろいろな人たちに「やーやー」と挨拶してこようというのが昌夫の作戦だ。

特別ゲストのトニー・ベネットとレディー・ガガが歌った曲は全曲知っている曲だったが、

ほかはほとんどヒップホップとカントリー&ウエスタンで、僕にはちんぷんかんぷんだった。幸いなことに、盛田昌夫の関係者にすごい解説者がいた。たまゆー（玉由）さんというブエノスアイレスで生まれ、12歳の時から日本で育ち、今はニューヨーク在住というエンタメ弁護士の女性だ。クライアントには多くのラッパーがいる。それで、出てくるラッパーについて質問すると、見事な弁舌で解説してくれるので、ヒップホップのことがかなりわかるようになった。

僕は年の割にはヒップホップと接点がある。なぜなら息子の村井邦啓《くにひろ》（ヒロ・ムライ）がミュージックビデオの監督で、ヒロの作るビデオをいつも目にしてきたからだ。最近の作品はヒップホップが多い。要するに、世の中はヒップホップとＤＪの時代になってしまっているらしい。僕と同年代の年寄りは、いまだにボブ・ディランやポール・マッカートニーやイーグルスを聴き続けている。僕のようにいまだにアート・テイタムやレニー・トリスターノを聴いて喜んでいる人は少数派のなかの少数派で、いずれ絶滅してしまうのだろう。

しかし、ヒップホップのなかにもジャズやブルースの伝統を感じさせて「なかなかいいなー」と思う曲もあるが、誰が誰だかわからない。

去年、ヒロがナイキのコマーシャルの監督をした。リオ・オリンピックの閉会式の放送用に作ったもので、ラッパーと本物の米国バスケットボールのオリンピックチームの男女選手たちが出演している。このラッパーの名前は知らないのだが、良い声をしていて、僕の曲を歌ってほしいと思ったぐらいだ。

ヒロはチャイルディッシュ・ガンビーノという芸名のラッパー（俳優のドナルド・グローバー）のミュージックビデオを何本か作っている。「どういう人？」とたまゆーさんに聞いたら「インテリラッパーです」とのことだった。

そのグラミー賞の晩から半年ほどして、ヒロとグローバーは一緒に『Atlanta（アトランタ）』という連続テレビ映画を作った。「人気があるのだよ」といろいろな人から聞いていた。実際に自分でも観て、映像の新しさには感動したのだが、悲しいことにスラングだらけで、会話は3割ぐらいしかわからない。

アトランタに住むラッパーの話なのだが、普通のアメリカ人でも年を取っている人には何のことだかわからないような代物だ。でも、息子がミュージックビデオから一段上がってテレビの監督をやれることになったので喜んでいた。

そうしたら、昨年末に『Atlanta』がゴールデングローブ賞の「TV（ミュージカル・コメディー）部門」にノミネートされた。〝へえー〟と思っていたのだが、たくさんの人が受賞の本命だよと教えてくれた。

当日、隣に住むチューリッヒから来た建築家のバルツ・ミューラーと僕たち夫婦でゴールデングローブ賞の実況放送を観ていた。たいした期待はしていなかったが〝もしかしたら〟とは思っていた。メキシコ料理を食べながら飲んでいたら、いきなり受賞が決まった。そりゃ嬉しかった。
ぽつぽつと「受賞おめでとう」のメールが入り出した。そのなかに盛田昌夫のメールもあって「今年も村井さんの家でグラミー賞を観たいけどいいですか？」と聞いてきた。「いいよ、おいで」と返信したから、グラミー賞の時はまた、たまゆーさんの解説で新しいヒップホップのことが聞けるに違いない。楽しみだ。

（2017年1月）

追記——2018年5月に発表されたヒロ・ムライ監督のミュージックビデオ『This is America』が話題を呼び、ヒロは『ニューヨーク・タイムズ』や『ウォール・ストリート・ジャーナル』などのインタビューを受けた。記事によれば「アメリカで最も注目されている監督の一人」だそうだ。〝ほんとかよ？〟と思うのだが、やはり嬉しいね。

59

LA meets TOKYO

極寒の東京で2週間過ごし、昨日LAに帰ってきた。LAは大雨でサクラメントの近くのダムが決壊しそうになっていて、住人に避難命令が出ている。だがしかし東京よりはずいぶん暖かい。

寒い東京滞在だったが、寒い時に食べるおでんとフグ料理は格別だった。おでんは行きつけの銀座の「やす幸」で食べた。飲んだついでに食べたと言ったほうが適切かもしれない。鍋前と言われる鍋の前のカウンター席に陣取って、錫《すず》のやかんでお燗をした灘の酒を一口飲み、いつも豆腐から食べ始める。

フグは値段の点で美味しさが半減してしまう店が多い。つまり美味しくても支払いの時、あまりに高いので気分が悪くなる店がたくさんある。今回は友人と古くから付き合いのある一見しょぼい作りの店で食べたのだが、美味にして支払いの時も苦痛を感じない素晴らしい店だった。友人がおじやの残りをタッパーに詰めて持ち帰ったのだが、翌朝おしんこと一緒に食べたら美味しいだろうなと思った。

この2週間飲んでいるばかりでなく、アルファの常務取締役だった伊藤勘作さんの息子の結婚式に行ったり、法務省の若手官僚の研修会で講演したり、海宝直人主演の劇団四季ミュージカル『ノートルダムの鐘』を観たりしたのだが、一番大きなことは今回の滞在中にいろいろな人と相談して、本年12月15日に村井邦彦作曲生活50年、山上＝村井コンビ50年を祝うコンサートをやると決定したことだ。

内容はこれから詰めていくが『LA meets TOKYO』というタイトルで、僕と一緒にやってきた東京の音楽家とＬＡの音楽家が一堂に会することになるだろう。

日本サイドでは小坂忠親子、吉田美奈子、海宝直人ら、LAサイドではクリスチャン・ジャコブ・トリオ、編曲指揮でホルヘ・カランドレリ。演奏は島健さん推薦の東京ニューシティ管弦楽団という豪華なものになりそうだ。

振り返れば1967年に作曲家としてデビューし、5、6年の間に数百曲のポピュラーソングや勝新太郎さんの映画の音楽を10本以上書いた。山上さんとアルファミュージックを設立したのが1969年。やがてスタジオ建設、アルファレコード設立、A&Mレコードとの契約など、忙しくて作曲しない時期が10年以上あった。音楽監督として伊丹十三監督の『タンポポ』（85年）などを散発的に手掛けたが、本格的に作曲に復帰したのはLAに引っ越した1992年以降のことだ。

旧友ハービー・メイソンと共同プロデュースした1997年の自作集『Beneath an Autumn Moon』を皮切りに1、2年ごとにアルバムを発表。この頃からホルヘ・カランドレリとコンビを組むことになる。テレビでは手嶋龍一さん制作のNHKスペシャル『21世紀の潮流 アメリカとイスラム―カリブの囚われ人たち』（2004年）、日本テレビのドラマ『山田太一ドラマスペシャル 遠まわりの雨』（2010年／渡辺謙主演）の音楽を書いた。

宇野亞喜良さんの紹介で、劇団スタジオライフの音楽劇『カリオストロ伯爵夫人』（2013年）の音楽も書いた。この劇ではクリスチャン・ジャコブが骨身を削って編曲をしてくれた。

このほかクラシックのピアニスト、関孝弘さんの勧めでピアノ曲を書くようになり、すでに十数曲が関さんのコンサートで発表されている。

震災の時に山上さんと「つばめが来る頃」という曲を書いてソプラノ歌手の森麻季さんが歌ったのをきっかけに、日本歌曲集を二人で書き続けている。これも十曲ほどできあがっている。

皆さんに聴かせたい曲が山ほどあって選曲が大変だ。演出は前回の『ALFA MUSIC LIVE』(2015年)のようなグラミー賞方式ではなく、良い音楽をじっくり聴いてもらえるような音楽会方式になるだろう。

(2017年2月)

60

『ラ・ラ・ランド』に見る引用の美学

アカデミー賞は日本でもWOWOWが生中継しているから観ていた人もいただろうが、ちょっとした事件があった。ベストピクチャー(作品賞)に『ラ・ラ・ランド』(デイミアン・チャゼル監督)が選ばれてプロデューサーが受賞の挨拶をしていたら、「今のは間違いでした」と言って、審査結果を極秘に保持するために雇われているプライス・ウォーターハウス・クーパーズの担当者が現れたのだ。会計や監査をやる法人で、結果の入った赤い封筒を当日まで金庫に入れて保管しているのだそうだ。発表の直前にプレゼンターへ赤封筒を渡すのだが、そこで間違えたらしい。結局、ベストピクチャーは『ムーンライト』（バリー・ジェンキンス監督）が取った。

『ラ・ラ・ランド』はミュージカル映画でなかなかの評判だったが、僕の周りには否定的な意見も多く、自分の目と耳で確かめようと、アカデミー賞の翌日の月曜の午後に観にいった。否定派の意見をまとめると「嘘っぽすぎるよ」ということのようだ。

映画館はアークライト・シネマで、サンセット大通りとヴァイン通りの交差点からちょっと西にある。昔のシネラマ・ドームをそのまま使っていて、僕はここで『E.T.』（82年／スティーヴン・スピルバーグ監督）のプレミアを観たことがある。そのシネラマ・ドームの裏側にある14もの映画館が入っているシネマコンプレックスがアークライト・シネマだ。シネラマ・ドームもアークライトの一部になっている。ここは料金こそ少し高いが、画質と音質は最高で、そのうえ予告編を延々とやらないので気に入っている。

月曜の午後ということで、さすがに観客は6人だけ。ゆったりと観ることができた。最初、主題曲がちょっと素人っぽい感じがしてしっくりこなかったのだが、終わりの頃にはこの曲が大好きになってしまった。オーケストレーションもうまいし、音響も家のコンピューターにくっつけてある数千円のスピーカーと比べると夢のような音だ。コンピューターにくっつけているスピーカーは一応アルテックという、昔アルファのスタジオで使っていたプロ用のスピーカーメーカーのものだが、やっぱり広い空間の中でちゃんとした大きなスピーカーで音楽を鳴らすと、比較にならないほど良い音がする。しかし、ちょっと問題なのは、プロトゥールスその他の音響機材とテクノロジーが進化しすぎていて、実際にはありえない音が聞こえてしまうことだ。例えば映写幕の前に100人のオーケストラがいて、実際に演奏したのを生音で聴いたら聞こえてこない音まですべて編集されて聞こえてくる。

ジョン・ウィリアムズと話した時のことを思い出した。

ジョンのスコアを一部分だけどロサンゼルス・フィルのグスターボ・ドゥダメルが指揮した『スター・ウォーズ』について立ち話をした。これはソニーのサウンドステージ（映画の人たちは録音スタジオのことをサウンドステージと呼ぶ）で録音したものだが、このスタジオは昔のMGMのサウンドステージで、100人のオーケストラを録音できる巨大な部屋と、いったい何チャンネルあるのか知らないが、例えば300チャンネルぐらいある長いボードがあって、録った音はいかようにも編集できてしまう。例えば、劇的なシーンであれば過剰に劇的な音にすることができるのだ。ジョンは「君にはわかるだろうが、あまり好きじゃないんだよね」という意味のことを言っていた。最初の『スター・ウォーズ』はロンドン交響楽団が演奏したもので、その頃（70年代）は、せいぜい16チャンネルぐらいのアナログのテープレコーダーで録音していたから、そんなに過剰な編集はできなかったはずだ。その代わり、音楽としてはバランスのとれたものだったのだろう。

話を『ラ・ラ・ランド』に戻そう。映画の冒頭、フリーウェイで大渋滞中の車のなかから人がたくさん出てきて歌い踊る場面がある。何だこれは『ロシュフォールの恋人たち』じゃないかと思ったのだが、チャゼルという31歳の監督は、昔のミュージカル映画が大好きのようで、次から次へと僕が好きだった映画のシーンが出てくる。『雨に唄えば』『シェルブールの雨傘』『ロシュフォールの恋人たち』『男と女』などへのオマージュだった。

映画が終わる頃には懐かしいのと嬉しいのとで幸せいっぱいになって、明るい気持ちで渋滞の道を運転して帰宅した。フェイスブックに評論家の安倍寧さんが〝引用の美学〟というブログ記事を出してくれた。さすが安倍さん、引用は僕が気付いたものの2倍ぐらいあるらしく「過去の作家への尊敬の念がある限り、引用は盗作ではない」と書いている。早速フェイスブックに「さすが安倍さん、昔のことをよくご存じですごい」と書いたら「過去に学ばずして創作はありえず、ですよね、村井さん」と返事が来た。「そのとおりですよ」と再返信した。

（2017年3月）

61 ビル・ホールマン・オーケストラのリハーサル

ビル・ホールマン・オーケストラのリハーサルに、譜めくりのふりをして潜り込むのは、今回で何回目になるのだろうか。クリスチャン・ジャコブのピアノの横に座って、ピアノ譜を見ながら練習を聴くのはとても勉強になる。場所はAFMローカル47の練習スタジオで、ハリウッドのヴァイン通りをちょっと南に下りたところにある。AFMというのはいわゆるミュージシャンズ・ユニオンである。アメリカのミュージシャンズ・ユニオンですぐ思い出すのは、1940年代のストライキのことだ。レコード会社とギャラその他の交渉でストライキになり、1年か2年、まったく録音ができなかった時期があったそうだ。ジャズでいえば、スイングジャズからビバップへの過渡期で、もし録音が残っていたなら、かなり面白い音楽が聴けたはずなので残念だ。LAでオーケストラを録音する時は、必ずAFMの人が立ち会って、休憩時間や終わりの時間を宣言する。その他、事務的なことや支払いのこともやっているのだろうが、こっちは専門の人を雇って対応させているので、細かいことはわからない。ただ、リハーサルが乗ってきて、だんだん良くなってきた時とか、もうワンテイク録音すれば絶対にいいのが録れるぞ、という時に「時間デース」と言われて休憩に入らなくてはいけないのは参った。ミュージシャンもエンジニアもプロデューサーも「オー・マイ・ゴッド」などと言って悔しがるのだが、そういう決まりになっているらしく、誰も文句を言わない。

ずいぶん前の話だが、映画の脚本家を雇って300万円ぐらいで脚本を書いてもらったことがある。脚本料300万円に対して100万円ぐらいの請求書が脚本家ユニオンから届いた。脚本家の健康保険、生命保険、年金などにあてるらしい。きっとミュージシャンズ・ユニオンも同じような仕組みで、雇用者から金をとり、ミュージシャンたちの生活の安定を図っているのに違いない。LAでオーケストラを録音すると素晴らしい音がするが、世界一コストがかかるのはユニオンがしっかりしすぎているからだと思う。

AFMローカル47には事務棟のほかに練習用の建物があって、20人編成ぐらいのバンドの練習室が3つある。どの建物もちょっと古びていて、昔のLAの雰囲気が漂っている。安普請だ。ビル・ホールマン・オーケストラはいつも右端か左端の部屋で練習している。ユニオンのメンバーには無料で貸し出しているのだろう。全部密室で、音の遮断はよくできている。

入り口のドアに小さなガラス窓があり、中をのぞいたら、すでにリハーサルは始まっていた。入るのをためらっていたのだが、クリスチャンと目が合い「入っても大丈夫だよ」とサインがあったので入室し、椅子をピアノの左に置いて譜面を見た。「アランフェスのエコー」と題したロドリーゴの曲を4部構成にしてアレンジしたものをやっていた。その譜面の長いことと言ったら、僕の長い音楽生活のなかで見たうちでも一番長いもので、40ページ近くあった。いつも初見ばっちりの熟練のミュージシャンたちが時々つまずくのは、スペイン音楽独特の変拍子が随所に出てくるからだ。ビルはこれを書くのにひと月以上かけたに違いない。それを必死に演奏するミュージシャンも素晴らしい。音楽への情熱が感じられて感動した。

事務棟にあるトイレに行く途中に、昔のユニオン参加ミュージシャンのサイン入りの写真がずらりと飾られたホールがある。5人に1人ぐらいは僕でも知っているミュージシャンがいるが、若い人の写真はない。今ヒップホップなどをやっている人たちは、ユニオンに入っていないのかもしれない。

ビル・ホールマンを知らない人のために少し書いておこう。僕は中学生の頃に、スタン・ケントン・オーケストラの『バック・トゥ・バルボア』（58年）というLPを買って愛聴していたのだが、そのLPの編曲者クレジットのなかに、ビル・ホールマンの名前を見たのが最初だ。ほかの編曲者には、マーティ・ペイチらがクレジットされている。ウエストコースト・ジャズの作編曲家の系譜をたどると、マイルス・デイヴィスの『クールの誕生』の作編曲者、ギル・エヴァンスやジェリー・マリガンあたりが開祖だろう。あとをつなげたのが、ビルやマーティ・ペイチだ。数えるとビルは90歳ぐらいだと思う。

（2017年4月）

62

ジョン・ウィリアムズのレコーディング現場

作曲家のジョン・ウィリアムズに招かれて録音現場を見にいった。場所はソニーのサウンドステージで「バーブラ・ストライサンド・スコアリング・ステージ」と呼ばれる場所だ。カルバーシティーのソニー・ピクチャーズにいろいろと雑多な建物が並んだ一画があり、そのあたりの横丁をちょっと曲がった奥のほうにある。1930年代から建物は変わっていなくて、そう立派とは言えない建物だが、ともかく部屋が大きい。いい音がするように壁材などいろいろ工夫をし続けてきたのだろう、手作り感があって温かい雰囲気だ。どういうわけか調整室から見て右奥の空中10メートルぐらいのところに自転車が吊り下げてある。何か歴史的な意味があるのだろうが、尋ねそびれてしまった。

ジョンと僕は20年以上同じゴルフクラブに所属していて、夕方散歩代わりにゴルフをするのでよく会う。立ち話で音楽談義を時々やるのだが、その時にジョンの録音を見てみたいものだと言ったら、本当に招待してくれたのだ。録音は朝10時からだというので、遅れてはいけないと思い、早めに家を出て、ソニーには20分ほど前に到着した。ゲートで名前を告げると丁寧に案内してくれて、駐車係の人が車を預かってくれた。

どこにいたらいいのかわからないので調整室で待っているとジョンが現れて「奥さんのファーストネームがいるとソニーのセキュリティーの人が言うので、ゴルフクラブに電話して調べました」と言った。家内も一緒に招待されていたのだが、確かにゲートで受け取ったチケットには、僕たち夫婦のフルネームが印刷されていた。親切にも巨匠自ら電話して調べてくれたわけだ。

巨匠は「こちらにいらっしゃい」と僕たちを録音室の指揮台の右後ろにあるテーブルに案内してくれた。そこにはサンディさんというジョンと50年以上一緒に仕事をしているコントラクターが座っていて、僕たちはサンディさんと並んで録音を聴いた。コントラクターというのは音楽家を集める係の人だ。目の前にチェロ群がいて、そのなかに僕の書いた『カリオストロ伯爵夫人』のピアノトリオ版を弾いてくれたアルメン・サジキアンがいたので挨拶した。

1曲目の録音が始まった。ジョン自身が指揮をする。ジョンの前にそう大きくないモニターがあり、映画の映像が映る。白い縦線、緑の縦線、白いパンチホールが右から左に流れてゆく。これがキューなのだろう。

40年以上前、東京のアオイスタジオで勝新太郎さんの映画の作曲を担当した頃は、スタジオの奥に映写幕があって、そこに映画が映り、専門の指揮者が映画に合わせて音楽を録音した。名前は忘れてしまったが、この人が指揮をすると映像と音楽がピッタリはまる。今はもう映写幕はないのだろうなと思った。

一番目のキューが終わったので、調整室に行った。プレイバックすると思ったのだ。するとジョンが調整室に来て「プレイバックはしません。後でいろいろ調整するのです」と言う。それでテーブルに戻った。サンディさんの前に置いてあったキューシートと編成表を見せてもらうと、大編成だ。弦が60人、ホルン6本、ハープが2台、木管、金管楽器を合わせると100人近くになる。日露戦争の戦記などを読んでいて「黒木為楨《ためもと》将軍率いる第一軍は」などと書いてあるのを思い出した。そのぐらいすごい規模感だ。一糸乱れぬ見事な演奏、しかも生音に感動した。サンディさんは「みんな初見なのよ」と誇らしげだ。

キューは5種類ほど、短いもので22秒、長いもので2分20秒、合計10分40秒ほどの音楽を3時間の間に録音する。前にも書いたが、ユニオンの規定で、録音は3時間を一つの単位として数えることになっている。その間に何分以上の音楽を録音してはいけないとか、休憩を何分取るとか決まっている。途中ジョンが休憩を宣言する。録音が進み、最後の短いキューでちょっと手間取った。録り終わった時、サンディさんはちらっと部屋右側の壁にある赤い色で数字が出るデジタル時計を見た。あと3分強でセッション・オーバーというところだった。終わって、ジョンがやってきて「今日はこれでおしまいですが、いつもは昼食をはさんでもうワンセッションやるのです。今日はゴルフができそうです」と言った。「毎日、1分ずつスコアを書くのです」とも言っていた。毎日音楽を書いて、夕方何ホールかゴルフをやる。修道院の僧侶が回廊を運動のためぐるぐる歩くのを日課にしているように。翌日礼状を書き、何かお礼の品をと考えた。ゴルフボールならいくらあっても使うだろうと思って日本製のゴルフボールを贈った。数日してゴルフ場で会ったら、とても嬉しそうな顔をして「ボールをありがとう。なくさないように大事にします」と言った。巨匠は本当にいい人なのだ。

（2017年6月）

63

UCLAで我が音楽人生を語る

UCLAのテラサキ・センター・フォー・ジャパニーズ・スタディーズの25周年記念イベントが5月19日と20日に行われた。その初日のレセプションで「My life in music in the US and Japan」という演題で講演した。同センターはポール寺崎博士が寄贈した基金によって運営されている日本研究の機関で、1200人の生徒はUCLAの文科系、理科系の垣根を超えて集まっている。アメリカ人の歌舞伎役者や能の研究者などもいて、実に多彩だ。20日の300人ほどの夕食会の前に、その歌舞伎役者が鏡獅子を舞うのを見て驚いた。日本留学希望者や研究者に奨学金を与える援助などもしている。寺崎先生は1年前に亡くなったが、夫人を始め遺族の方々が先生の遺志を継ぎ、LAの有力者や日本の協力者を理事に招いて運営している。

寺崎先生は1929年にLAで生まれた。10代後半の時に日米戦争が始まり、フランクリン・ルーズベルト大統領の大統領令によって、他の多くの日系人と共にアリゾナのギラ・リヴァー強制収容所に送られた。戦後は日本人差別の強い西海岸をさけて、東部の大学で勉強を始め、安全を確認した上でUCLAに入学し、科学分野で博士号を取った。臓器移植に関する研究で成功して巨万の富を得、惜しまず日系社会、日本文化のために寄付している。

講演はウエストウッドに新築されたテラサキ・リサーチ・インスティテュートのお披露目

パーティーの後半から始まった。出席者には生徒のほか、日本を代表して千葉明日本国総領事、日系社会を代表してアイリーン・ヒラノ井上（故ダニエル井上上院議員夫人）、寺崎家の方々、理事の方々や20年ぶりに再会したTMI総合法律事務所の遠山友寛先生らがいた。遠山先生は日本UCLA同窓会長で、日本人同窓生は2000人を超えると言っていた。新築の建物に巨大なスクリーンが設置されていたので、これを使って映像や音楽を存分に観せ、聴かせてやろうと考えた。

まず、アメリカが世界に与えた大きな贈り物の一つは、ジャズ、ブルース、ヒップホップなどの音楽だと言って、ルイ・アームストロングの歌う「ダイナ」の映像を流した。「ダイナ」は僕の叔父が機嫌のいい時によく口ずさんでいた曲だ。モーリス・ラヴェルもこの曲が大好きだったと話し、アメリカ音楽は全世界に広がり、フランスでは……と言って、ジャンゴ・ラインハルトとステファン・グラッペリの1930年代の演奏映像を観せた。現代のドイツでは……と言って、ドイツのブギウギ奏者ウルブリヒトを観せ、日本ではといって慶應ライトミュージックソサイエティの演奏を観せながら、50年前僕はこのバンドでピアノを弾いていたと説明した。そしてローリング・ストーンズと黒人歌手フレッド・マクダウェルが歌う古い民謡「You Gotta Move」を比較して聴かせ、僕の良き友人だったアトランティック・レコードの創業者、アーメット・アーティガンの言った言葉「世の中には二種類の音楽がある。一つはブラック・ソウル音楽で、もう一つはそれを白人が真似たものだ」というスライドをアーメットの写真付きで見せた。ここで一部の人たちから笑いが起こった。

その後、作曲を始めた経緯を語り、本城和治《まさはる》さんの写真を見せて、この人が僕の最初の曲を録音したプロデューサーだと紹介した。次にフランスに初めて行って、エディ・バークレイの出版社から「マイ・ウェイ」の日本の権利を買った話をしてシナトラの「マイ・ウェイ」を流した。アメリカに渡り、キャロル・キングを始め1970年代の大スターライターたちの日本の代理人になった話をして、2015年にアレサ・フランクリンがキャロル・キングの「(ユー・メイク・ミー・フィール・ライク) ア・ナチュラル・ウーマン」を歌うワシントンDCのケネディ・センターでの映像を流した。客席にキャロル・キングやクライヴ・デイヴィス、そしてオバマ大統領夫妻が映っている。

弁護士のエイブ・ソマーと出会い、日本の音楽を世界に輸出したいという僕の夢をエイブに話したこと、その結果A&Mと契約してA&MがYMOを世界に売り出したことを話した。映像は1979年のLAのグリークシアターにおけるYMOの演奏だ。皆すごく若い。続けて1985年に音楽監督をやったラーメンを主題にした映画『タンポポ』を紹介した。同作は、昨年(2016年)4Kに再編集されて世界で再発売されている。世界中ラーメン・ブームになっているので嬉しいと話した。

2015年には、LAのソーテル学院という1925年創立の日本語学校の校歌を書いた。楽譜や録音が戦時中に失われて歌詞だけ残っていたので、それに新しいメロディーを書いたのだ。

最近、息子のヒロ・ムライが監督した『Atlanta』がゴールデングローブ賞を受賞した……と言ったら大きな拍手が湧き、来ていたヒロが立ち上がって挨拶した。僕は遂に息子まで〝輸出〟してしまったと話すと受けていた。

最後に僕にとっては2種類の音楽があって、一つは良い音楽、もう一つは悪い音楽である。どんな人種が作っても関係ない、クインシー・ジョーンズも同じことを言っている、と話して講演を終えた。その後、小坂忠のお嬢さん、亜美さんと孫のレインとスカイが「翼をください」を日本語と英語で歌ってくれた。

（2017年7月）

追記——2018年4月、僕はUCLAテラサキ・センター・フォー・ジャパニーズ・スタディーズの理事に就任し、初めての理事会に出席した。確かに時代が変わり、新しい流れを作らなくてはいけないということを感じた。理事会では中国の文化政策が巨大な資金をバックに進められていることがたびたび話題になった。

64

LA名物スモッグ・テスト

僕の古いベンツが10年目を迎えた。LAでは古い車は毎年スモッグ・テストを受けなければ車検が下りない。今年もまたテストをしろと手紙が来たので、近所のガソリンスタンドに行った。ガソリン売り場の横にちょっとした工場が併設されていて、簡単なパンク修理やスモッグ・テストもできる。6人ほどが働いていて、全員と顔なじみだが、みなメキシコから来た人たちだ。普段はスペイン語をしゃべっている。

「前に一台入っているから45分ぐらいかかるよ」と言われた。どこかでお茶でも飲もうと向かいのビルを見た。2階に昔ユーミンもよく行っていた韓国人の姉妹が開いた日本料理屋があって、今でも日本料理屋なのだが、昼は閉まっている。その右に「マッサージ45分50ドル」の看板を見つけた。これだと思って入ったら、先客がいるらしく、誰も受付にいない。隣に似たような店があったので「マッサージ?」と聞いたら「マッサージは隣だよ。うちはフェーシャルだ」と言う。

「隣は満員らしいんだ。フェーシャルって何だ?」と聞いたら、顔の汚れを落としてすっきりさせるのだという。時間を尋ねると30分とちょうどいい。暇つぶしにやってみることにした。

ベッドに横になるとすぐ寝てしまった。起きたら「軽く日焼け止めをぬっておきます」と言って、おでこに何か塗ってくれた。

ガソリンスタンドに戻ると、エンジニアが「旦那、テストできないよ。どこかへ150マイルぐらいぶっ飛ばして走ってもらわないと、コンピューターが（その先は専門的過ぎて何と言ったかわからない）XXXXXなんだよ」という。

「ただ走ればいいのか?」と聞くと「その通り。修理工場へ持っていってもダメなんだ」との答え。「じゃ、走ってくるよ」と言い残して家に帰り、「おーい、これからマリブのほうに走りにいくぞ」と家内を誘って、久しぶりに海岸をドライブした。

そういえば数ヵ月前、ベンツの工場に定期点検に持っていった時に「カーボンが溜まっているから掃除しておきました。時々ビューンと走らないと、またカーボンが溜まりますよ」と言われたのを思い出した。ドイツ生まれの車だ。アウトバーンを時速200キロで何時間も連続でぶっ飛ばすようにできている。渋滞のLAをのろのろと走って、近所のスーパーマーケットや歯医者に行くだけでは調子が悪くなるのだろう。昔はラスベガスやモンタレーまでよく走ったものだが、最近は年をとったのと、車が混むのとで遠くに行かなくなった。市内でもたもた走っているうちに調子が悪くなったのだろう。

フリーウェイ10番をサンタモニカ方面に走っていくと、海に突き当たり、フリーウェイは終わってPCH1というハイウェイになる。パシフィックコースト・ハイウェイ1の略だ。僕の大好きなレイモンド・チャンドラーの小説に出てくる悪人の家は、このPCH1のマリブの手前あたりにあった。フリーウェイとは信号もなく突っ走れる高速道路のことで、ハイウェイは歩行者が横切ったり、自転車も走ったりできる一般道路だ。ルート66というハイウェイを歌ったジャズの曲があるが、この道はＬＡからシカゴまで通じている。今はフリーウェイが発達しているので、ルート66沿いの町は一部ゴーストタウン化しているらしい。

左手に海を見ながら窓を開けて海の風にあたる。「こんなに海のそばに住んでいるのだから、時々海を見にきたほうがいいね」と言うと、家内も「そうね」と笑って気分が良さそうだ。

マリブの市街を過ぎると交通量も減り、景色もますます良くなる。このあたりでビューンと飛ばしたくなるのだが、法定速度を1割ぐらい超える時速80キロ程度で我慢しながら走った。お巡りさんも大目に見てくれる速度だ。もっともお巡りさんが夫婦げんかの翌日で、機嫌が悪かったりしたら捕まる可能性はゼロではない。

マリブの先は住んでいる人も少なく、広大な海軍基地がある。ミサイルを飛ばす練習をしているらしくて、先日も北朝鮮のＩＣＢＭが飛んできたら迎撃するミサイルの訓練をしていると『ＬＡタイムズ』で読んだばかりだ。アメリカは広い。横須賀でミサイルをぶっ放す練習をしたら近所の人は腰を抜かすに違いない。

その基地の向こう側のオクスナードという町からフリーウェイ１０１に乗って、カマリロ、ウエストレークと南下して、家に着いたらもう夜だった。１００マイル強のドライブだった。翌朝ガソリンスタンドに行ったらスモッグ・テストに合格した。

やれやれ、これでもう1年何とかなりそうだ。

（2017年8月）

65 故人の冥福を祈って

ずっと前に自伝を書いているとこの欄に書いたのだが、書くのをやめてしまった。編集を担当してくれていた講談社の原田隆さんが急逝したためだ。

原田さんは『月刊てりとりぃ』に連載し、『ALFA MUSIC LIVE』の聴衆に4000部以上無料配布した小冊子「この美しい星、アルファ」を編集してくれた編集の名人だった。文意をくみとって、絶妙な見出しを付けてくれた。原田さんの見出しがなかったら、この読み物は魅力が半減していたに違いない。原田さんにどうして編集者になったの？　と尋ねたら「子供の頃から本を作るのが好きだったんですよ」と答えてくれた。どうして作曲家になったの？　と聞かれたら、僕も「子供の頃から音楽を作るのが好きだったんですよ」と答えるはずだ。原田さんの答えに大いに納得した。

原田さんは一橋大学を出てすぐ講談社に入社し、主に雑誌部門で活躍した。僕の古い親友の矢幡《やはた》聡子と仲が良く、15年ぐらい前に一緒に飲んだ。以来、時々顔を合わせていたのだが、2

年ほど前に自伝でも書いたらと言われて、その気になって書き出していたところだった。書いたものをメールで送ると励ましの言葉が返ってくるのだが、ずいぶん時間がかかった。忙しいのか体調が悪いのかどちらかだろうと思いながら書き続けていた。

そんな時に矢幡聡子からの知らせで、原田さんが香港で倒れたことを知った。作家の福田和也氏と香港に行って、脳内出血で倒れたのだそうだ。中国料理で贅をつくした「満願全席」というのがあるらしく、2~3日間ありとあらゆるうまいものを食べる会に行ったらしい。

中国人は尖閣諸島にどんどん入ってきたり、南沙諸島に軍事基地を築いたりして、けしからんと思っているのだが、美味しい料理を作っているから許せるところもある。

日本は嫌いだが寿司は好きだという外国人もいるに違いない。僕の全世界料理ランキングでは、日、華、仏、伊、英、米、韓がベスト7だ。独も入れないといけないかな。5月の白いアスパラガスとビールにはしびれた。そういえば墺も入れなきゃいけないかな。何とかというお菓子がめちゃくちゃ美味しかった。

それで矢幡聡子に聞いた。倒れたのは食事の後か前か？　答えは後ということだった。それならばまあ良かったなと思った。死なない人間はいないのだから仕方がない。

編集者と作家、ディレクターと作曲家、脚本家と映画監督など、共同作業をすると一人では考えつかないような、思わないところに到達して面白くなる。一人でこもって原稿を書いたり、曲を書いたりしていても面白くない。対立して、けんか別れすることもあるらしいが、僕の場合はおおむねうまくいった。

その後、『月刊てりとりぃ』の濱田編集長の紹介でリットーミュージックの野口広之さんと会った。連載中の「LAについて」の抜粋に加えて、パリ、ロンドン、ニューヨークについての思い出を書いて一冊の本にしようということになり、ただいま執筆中だ。編集者野口さんと監修濱田さんとピンポンのようにメールをやり取りして書いている。

一方で、12月15日に開くコンサート『LA meets TOKYO』の準備も大変だ。編曲はホルヘ・カランドレリとクリスチャン・ジャコブで70人ほどの管弦楽団とコーラス、吉田美奈子、小坂忠などのベテランと一緒に、海宝直人、サラ・オレイン、生田絵梨花といった若手も出演する。

編曲はほとんど書き終わり、これから舞台、照明などの演出を考えなければいけない。忙しい合間にこの原稿を書いているのだが、原田さんと自伝のことを同人に伝えることができて良かった。

原田さんのご冥福をお祈りする。


（2017年9月）

66

開催間近の50周年記念演奏会

作曲を始めて50年たったので、12月15日に渋谷のオーチャードホールで記念演奏会をやることになった。もうずいぶん前から準備しているのだが、そろそろ大詰めの作業がたくさんあるので、東京に来ている。一番大変なのは宣伝のためのラジオ出演や新聞や雑誌などの取材で、人と話をするのは好きなほうだが、一日に何回もあるとさすがにくたびれる。でも、もっと大変なのは、もちろん演奏会そのもので、何しろ一回きりのことだからどきどきする。録音なら、録り直しも考えられるが、生の演奏会はその時最高なものにしなければならない。やり直しはきかないのだ。

心配なことがいろいろとある。一つは音響だ。本当は生音でやりたいのだが、オーチャードホールのような2000人以上の劇場では、電気増幅しないとどうしてもよく聞こえなくなる。PAを使いながら限りなく生に近い自然な音を目指しているのだが、音響担当者とも初仕事なので、どのぐらい僕の希望をかなえてもらえるのか未知数だ。

今回は大編成で、東京ニューシティ管弦楽団とクリスチャン・ジャコブを始めとしたティアニー・サットン・バンドが中心となり、総勢70人を超える。せっかくこんなにたくさんの素晴らしい演奏家がいるのだから、ぜひ最上の音質で皆さんに聴いていただきたい。

過去の体験や識者の話を総合すると、生音とスピーカーから出る音が混ざり合ってしまうと変なことになるらしい。もう一つの方法として、楽器一つひとつにマイクを付けて音を一個ずつ確実に拾い、調整卓で音楽を再合成する方法があるのだが、僕は好きではない。

なぜかというと、音は楽器から出るが、鳴るのは空気だからだ。例えばフレンチ・ホルンの前にマイクを置いて録音しても、ツーンとしたつまらない音になってしまって、フレンチ・ホルンの音にはならない。フレンチ・ホルンの音は、アルプスの山に響いてポワーンと鳴るような感じが魅力で、スタジオで録音する時も後ろに反響板を置いて、人工的にアルプスみたいな環境を作り、ポワーンとするあたりの空中にマイクを置くのが一番だ。

一つひとつの音をミックスする時に、他の楽器の音が混ざって入ってくると調整しにくくなる。録音技師はこれを「音がかぶる」といって嫌うのだが、僕と長年コンビを組んでいる録音技師のアル・シュミットは「音がかぶるのを恐れるな」といつも言っていた。少しかぶり目ぐらいのほうが生き生きした音になるらしい。とはいえ、かぶりすぎてしまったら、どうにもならないほどひどいことになってしまうので、そのさじ加減が難しい。

一方、作編曲に関しては、数ヵ月前から先行しているので、すでにすべて完成し、後はホルヘ・カランドレリの書くフィナーレの音楽を待つばかりになっている。先行していて良かった。オーケストラとの打ち合わせなど、大変にスムーズに事が運んでいる。やはり準備を万端にしておくと、余裕が出てきてより良いものができる。来週は出演者の歌手の皆さんと個別に一曲ずつの打ち合わせをする。山上路夫さんと吉田美奈子さんがこのコンサートのためにお祝いの詞を書いてくれていて、開幕後、1曲目に美奈子さんが歌ってくれることになっている。とても楽しみだ。

今日は選挙の投票日だというのに、台風が来て大雨になっている。それでホテルから一歩も出ることができずこの原稿を書いている。音声入力で書いているのだが、やはり自分のコンピューターで書いたほうが、もっとノリが良くなると思うのだが仕方がない。皆さん、ぜひコンサートに来てください。

(2017年11月)

67
ジョージ・サンダースの代表作

ヒロ・ムライの新作はジョージ・サンダース原作の『Sea Oak』という小説に基づいたテレビシリーズで、主演はグレン・クローズだ。グレン・クローズ主演のミュージカル版『サンセット大通り』の舞台をセンチュリーシティーにあった劇場で観たのは20年以上前だから、もう70歳ぐらいになっているはずだ。

パイロット版と言われる第一作ができあがり、アマゾン・プライムで観た。ダブリンに住んでいる娘の泰子がダブリンでは観ることができないと言っていたので、たぶん日本でも観ることができないのだろう。アメリカだけで観せて評判がいいとワンシーズン10本の撮影が決まる。今のところはまずまずの評判で、僕はたぶん行けるのではないかと考えている。

ヒロの映画の特色である緻密な美しさがよく出ているが、僕の英語力では正直言ってよくわからない映画だった。グレン・クローズ演じる貧困だが温和な白人老女が亡くなって墓に埋められるのだが、棺桶から生き返り、自宅に帰って家族に怒鳴り散らすところで第一話は終わっている。その後どうなるか観たくなるように作ってあるわけだ。

昨夜ヒロが『Atlanta Season2』撮影中のアトランタからLAに帰ってきて夕食を共にした。今週は「サンクス・ギビング」という日本の正月みたいな週だから、さすがに撮影は休みになったらしい。

ある時ヒロにFaceTime（ビデオ電話）をしたら、ちょうどジョージ・サンダースと一緒にニューヨークを歩いているところで、ジョージとも少しだけ話したことがあるのだが、彼がどんな人かもっと知りたくて、ヒロに聞いた。

ヒロの説明によると、ジョージ・サンダースの代表作は『Lincoln in the Bardo』で、これはリンカーン大統領が若くして亡くなった息子の墓を毎夜訪れ、亡骸を抱きしめて泣いたという事実に基づいた話だそうだ。この本は今年のブッカー賞を取ったという。

ブッカー賞が英国の有名な文学賞だということは、最近ノーベル文学賞を受賞したカズオ・

イシグロが『日の名残り』でブッカー賞を取った頃から知っていた。僕は『日の名残り』をすごく気に入って映画化したいと思い、他につてもないので当時時々一緒にゴルフをやっていたマイケル・ダグラスに映画化権の取得を依頼したのだが、すでにジェームズ・アイボリーが映画化権を買ってしまっていた。マイケルに「いい趣味してるじゃないか」と褒められて嬉しかったが、たいていの面白い本は出版される前からハリウッドのエージェントが青田刈りをしているのだとその時初めて知った。

『日の名残り』(93年)は今でも時々観る大好きな映画の一つだ。イングランドの田舎や海岸の景色がとてもきれいだ。僕が製作したらこんなにうまくいかなかったかもしれない。

それで〝in the Bardo〟というのはどういう意味か興味があったのでネットで調べたら、びっくり仰天した。チベットの仏教用語だそうだ。

日本の仏教では人が亡くなると「四十九日」の法要をするが、そのもとがBardoであるらしい。チベットの僧侶は人が亡くなる寸前から49日間死者に語りかけ続ける。『死者の書』というのがあって、それを読み続けるのだそうだ。目的は輪廻転生《りんねてんしょう》して、より良い生を得るためだ。つまり49日たつと亡くなった人は生まれ変わって生き返ってくるらしい。

昼食の時にこんな話を家内にしたら「モナがダライ・ラマに会って、亡くなった娘のティナは今頃どうしているのでしょうと聞いたら、ダライ・ラマは〝もう生まれ変わっているよ。会えばすぐティナだとわかるよ〟と答えたそうよ」と言っていた。ティナとは有名なモデルで、エイズで亡くなったティナ・ラッツのこと。生前ダライ・ラマと親交があった。僕はティナと若い頃から交遊し、亡くなる前にも一緒に食事をした。母親のモナはＬＡに住んでいて、家内は小原流の先生だったモナにちょっとだけ生け花を習っていたことがある。その時に聞いた話だそうだ。

『Lincoln in the Bardo』はまだ日本語訳版が出版されていないので、読むとしたら英語版になる。コンサートが終わるまで読む時間もなさそうなので日本語版を待っていることにする。

（２０１７年12月）

追記——残念ながらアマゾン社は『Sea Oak』のシリーズ化をやめることになった。ヒロはＦＸと契約して、新しいテレビシリーズを開発中だ。

68 ショー・マスト・ゴー・オン

50周年記念コンサートのために東京に滞在しているのだが、ＬＡから山火事のニュースが届いた。ＬＡの山火事は有名で、一度などはＬＡに向かう飛行機から山火事を見て、その巨大さに驚愕したものだ。規模でいえば、富士山の周りの樹海が全部燃えているような様子だった。

毎年あちらこちらで山火事があるのだが、今年は乾燥しているのと風が強かったせいで数が多い。これまでは僕の住んでいる古くからある住宅地帯で起きたことはなかったのだが、今回の山火事は僕がいつもゴルフをやっているベルエア地域にも及び、ゴルフクラブにも避難命令が出て3日ほど閉鎖された。

ニュースを聞いてすぐに僕の家の裏に住む友人のエイブ・ソマーに電話したら、僕の家は大丈夫だ。いい天気だが煙が流れてくると言っていた。

それにしてもコンサートの準備が大変で多忙を極めている。ピアノの練習をしなくてはいけないし、テレビに出て宣伝もしなくてはいけない。明日、LAからホルヘ・カランドレリやクリスチャン・ジャコブを始め5人の音楽家たちが東京にやってくる。明後日からリハーサルが3日続き、いよいよ12月15日にはオーチャードホールでゲネプロ、そして本番になる。

LAの火事のことが気になるのだがショー・マスト・ゴー・オンの状態なのだ。

今の世の中で比較的安全で住みやすいLAに世界中からいろいろな人たちが集まってきている。しかし今やLAは世界中のどの場所とも同じように危険な場所になっている。地震、山火事、銃撃に加えて北朝鮮からミサイルが飛んでくる可能性もある。ほんの100年前はまあまあ平和なところだったのに。

そういう危機的な世界にあって東京、日本は危機感をあまり感じていないのではないかと思ってしまう。

パリをたびたび訪れている友人から聞いたのだが、パリの治安は相当悪いらしい。世界は揺れ動いているのだ。
そんななか、今日夕食を共にした友人がタクシーに忘れ物をしたのだが、運転手がわざわざレストランまで届けてくれた。パリのことを話してくれた友人が、こんなことは日本でしかありえないと言った。これだけ誠実な人々が住んでいる日本は世界の良い見本となって生き残ってほしい。

（2017年12月）

第7章　2018年

音は暗闇のなかから生まれ、暗闇に消えてゆく

CHAPTER 7

2018〜

69 『LA meets TOKYO』のスタジオ・ミックス

今からちょうどひと月前に、東京で『LA meets TOKYO』というコンサートをやって楽しかったのだが、その時にLAから連れていったホルヘ・カランドレリ、クリスチャン・ジャコブとの共同作業が連日続いている。

『LA meets TOKYO』の模様をBSフジが放送するので、コンサートで演奏したすべての曲のミックスをエンジニアのグレッグ・バートルドの自宅スタジオで一緒にやっているからだ。

スタジオ作業は久しぶりで、いつもは人任せなのだが、今回は50周年記念コンサートでもあるし、自分で選曲した愛着のある曲ばかりなのでミックスに立ち合っている。ミキシング技術の進歩に驚く毎日で、面白いけれど大変に疲れる日々を送っている。

コンサートはシンフォニー・オーケストラと合唱団にバイオリン奏者、バンドネオン奏者、それに多くの歌手たちが出演している。PAに88本ものマイクを立てたそうだ。そのマイクから110チャンネル以上の音を録音し、そのデータが詰め込まれた小型の弁当箱のようなハードディスクをグレッグが持ち帰って、自宅スタジオのコンピューターに取り込んだ。僕たちが行く前に、何日かかけてチャンネル別にEQ（イコライザー）をかけたりして音を整理してくれていた。あとはバランスをとるだけだから簡単と思っていたらとんでもなかった。

例えばハープはいつも音程がいいのに一ヵ所だけ音程が悪くなるところがある。しかし、ハープの音だけ取り出して聴くとちゃんとしている。誰かがハープとぶつかる音を出しているせいだということで、各チャンネルから犯人を探すと、弦セクションの中の一人がハープと半音違いの音を間違って弾いていると判明した。たった一つの間違った音を探して、そこを消去できればいいのだが、マイクがたくさん立っているから、一つのチャンネルだけでなく、他のチャンネルにも間違った音がかぶっている。それで、その音をなるべく聞こえないように工夫しなければならないのだが、そのたった一つの音の処理のために小1時間かかってしまう。だから一日に3曲が限界だ。

ホルヘに「僕たちがやっているのは外科医みたいな仕事だね」と言ったら「私は作編曲家で修理屋のホルヘ・カランドレリです」と答えた（I am an arranger-composer and a repair man.と英語で書くともっと感じが出る）。ロンドン交響楽団を始め世界中の交響楽団と録音することが多いので、こういう修理を年中やっているのだそうだ。スタジオで録音する時はその場で録り直すこともできるが、アンドレア・ボチェッリのトスカーナのライブコンサートやマリオ・フラングーリスのアテネの野外劇場のコンサートなどは、誰かが間違えたらそこを切り取ってシンセサイザーをかぶせてしまう。ごまかすといえば聞こえが悪いが、修理しなければ耳の良い人から「なーんだ、この程度のものなのか」とバカにされて信用を失ってしまう。それでホルヘのやり方はびっくりするほど大胆だ。それも今のデジタル技術が発達する以前のアナログテープの頃から切ったり貼ったりいろいろしてきたらしい。

そういえば昔16チャンネルの幅広テープをざっくりハサミで切ってセロハンテープみたいなものでつなげたことを思い出した。ユーミンの『ひこうき雲』の頃のスタジオAで、エンジニアの吉さんこと吉沢典夫がよくやっていた。テープをグリグリと手で回し、音の出る頭の場所を探す。ズリっと音がしたところをハサミでバサッと切るのだが、相当な勇気と決断力がいる。そういえばカラヤンの頃のベルリン・フィルの録音はテープが切り貼りだらけだったという伝説もあったな。

今はデジタル技術のおかげで間違ったところを切ってしまってもすぐ元に戻せるので、その点では気楽なものだ。今日も一日バッサリ切って、シンセサイザーをかぶせたり、音程を調節したり、音を前後に動かしたりと、やりたい放題のことをやってきた。

最後に川久保賜紀《たまき》さんのバイオリンをフィーチャーした「Falling in Love Again」のミックスをしたのだが、さすが川久保さん、直すところが一つもない。いや実は1ヵ所直して聴いてみたのだが、どうも自然な流れにならないのですぐ元に戻した。いい音楽というのは切ったり貼ったりしないそのままのものが一番良いのだとつくづく感じた。

録音するということは記録に残すという点では重要だが、音楽は生で聴かれ、そして消えていくから美しいのだと思う。ショパンがノクターンについて語った言葉がある。「音は暗闇のなかから生まれ、暗闇に消えてゆく」。なんてロマンチックなんだろう。


（2018年2月）

70

『LA meets TOKYO』の余波

昨年12月の音楽生活50周年記念コンサート『LA meets TOKYO』の余波がまだ続いている。ミックスがまだ終わらないからだ。

一日3曲のペースでやっていたのだが、ものすごく疲れて冷静に音が聴けなくなってしまうので一日2曲にペースを落とした。

残っているのはクリスチャン・ジャコブが編曲した『カリオストロ伯爵夫人』の6曲だ。ミックスの途中でクリスチャンが英国ツアーに行ってしまったので、その間に自分でピアノを弾いている初期のヒット・ソング・メドレー全19曲のミックスをした。明日クリスチャンが帰ってくるので、月曜から3日間でミックスを仕上げようと考えているのだが、きっと全部つなげて聴いてみると、細かい調整が必要になってくるに違いない。また2日ぐらいスタジオにこもることになるのだろう。

大きなオーケストラのライブ録音なので、編曲者本人と一緒にスコアを見ながらミックスをしている。エンジニアのグレッグに「そこでフルートとオーボエが吹いているのだが聞こえない」と言うとフルートとオーボエが次第に姿を現す。聞こえてくると、他の楽器とのバランスをとらなければいけない。ところがモニターから音が漏れ、他の楽器のトラックにも音がかぶっているので一筋縄ではいかない。グレッグがあの手この手で調整してくれる。こんなことをずっと繰り返している。

昨日はクリスチャンが音楽を手掛けたクリント・イーストウッド監督の新作『15時17分、パリ行き』の封切り初日だったので、昼間の空いた時間に観てきた。アムステルダムからパリに向かう列車で実際に起きたテロ事件の話で、最後のほうでクリスチャン独特のピアノとストリングスの音楽が美しく響く。いつも行くシネコンのアークライト・ハリウッドは音が良い。

映画館から帰ったら『LA meets TOKYO』でバイオリンを弾いてくれた川久保賜紀さんから連絡があり、ベルエアの邸宅で70人ほどの聴衆のための演奏会があるというので聴きにいくことにした。来年は『TOKYO meets LA』というコンサートをLAでやりたいのだが、川久保さんは主役の一人になるだろう。川久保さんのバイオリンを聴くのは昨年のコンサート以来でとても楽しみだ。

ホルヘ・カランドレリも川久保さんが大好きなのでメールで誘った。すぐに電話がかかってきた。コンサートに行きたいのだが、今は編曲を書いている最中で、月曜にはパリに行って録音する。行けなくて残念だ、よろしく伝えてくれとのことだった。

昨年『LA meets TOKYO』の後、金沢でオーケストラ・アンサンブル金沢と共演した。その時の楽しかったことを忘れないうちに書いておこう。クリスマス特別演奏会で、ミュージカル特集だった。海宝直人さんと綿引さやかさんが有名なミュージカルナンバーを歌い、真ん中あたりで僕がピアノを弾き、バスコ・バッシレフがバイオリンを弾いた。その後、音楽劇『カリオストロ伯爵夫人』のなかから3曲演奏した。カリオストロの部分は僕には難しすぎるので『LA meets TOKYO』で指揮をした森亮平さんがピアノを弾いてくれた。

オーケストラと一緒にピアノを弾く経験は『LA meets TOKYO』以前はまったくなかったので新鮮な感動があった。会場の金沢県立音楽堂はそれほど大きなステージではないから、ピアノの椅子のすぐ左横にフルート、オーボエなどの木管楽器が並ぶ。ホルへの編曲でイントロのところでパッ、パッ、パッ、パーとシンコペーションするフレーズをフォルテで吹くのだが、音が大きくてオケの他の楽器が聞こえなくなるほどだった。そばで聴くと木管ってこんなに強力な音がするのかと驚いた。一番そばにいるフルートの女性に「いい音しますね」と言った（もちろん練習の時だ）。

僕の背中から2メートルぐらい後ろのあたりに第2バイオリン群がいて、静かにピアノを弾いていると真後ろからモワーときれいな和音が聞こえてきて、とてもいい気分だった。

曲はゆっくりとした4拍子になり、コントラバスが1拍目と3拍目の低音をピチカートで弾いてピアノをサポートしてくれる。ところがコントラバスはビオラとチェロの向こう側にいるから、僕から10メートル以上離れている。幸いにも目は前に付いているので、奏者と目を合わせながら合奏した。

エンディングはテンポが遅くなり、指揮者に従ってピアノを弾かなければならない。ここで問題が発生した。楽譜と指揮者の両方を一緒に見るのに慣れていないので、ちょっとオケとタイミングがずれてしまった。

また呼んでもらえるかわからないが楽しい経験だった。

（2018年3月）

71

渡辺晋賞を拝して

東京の滞在先のホテルの近所を散歩していたら桜並木があって、蕾《つぼみ》が指の先ほどまで大きくなり、今にも咲きそうな感じになっていた。ちょっと離れたところにある公園の桜はすでに一部開花していた。気温が上がり、昨秋から続いていた右肩の痛みが少し楽になった気がした。

数日前、東京からLAに帰ってきたら季節外れの寒波で、冬物のセーターや裏に毛の生えているブーツをひっぱり出してきて、この原稿を書いている。

来週はワシントンDCに行って、全米桜祭り協会（National Cherry Blossom Festival）から委嘱されて書いた作品「Sakura on the Potomac」のリハーサルと本番に立ち会うのだが、先週東部のほうは寒波と雪で大変だったようだ。ワシントンDCはだいぶ南のほうに位置するのだが、桜は当分咲かないのではないかと思う。

東京では「渡辺晋《しん》賞」の受賞式に出席した。渡邊美佐さんが理事長を務める渡辺文化フォーラムという一般財団法人が出す賞で、渡辺晋さんのような縁の下の力持ち、プロデューサーとしてよく働いた人に与えられる。身近なところではユーミンを支えた松任谷正隆、オペラの三枝成彰、スタジオジブリの鈴木敏夫といった人たちが受賞している。

事の発端は昨年12月の『LA meets TOKYO』に渡邊美佐さんがいらっしゃったことだ。隣に家内が座っていたので逐一教えてくれたのだが、美佐さんはコンサートが大変楽しかったらしく、「あら素敵ね！」などと言って最後には立ち上がって皆と一緒に歌ってくれたそうだ。美佐さんから「(こんなビッグプロダクションは)大変だったでしょう？」と尋ねられた家内は「脚本まで全部書くので大変そうでした」と答えたらしい。

それから数日たって、美佐さんから電話があり「財団の理事と今相談しているのだけれど、今年の渡辺晋賞はクニになりそうよ」と教えてくれた。間もなく財団の事務方から正式な受賞の通知があった。

授賞式はザ・プリンスパークタワー東京で開かれ、約160人の仲のいい人たち、年上の友人、文化庁の人たちや政治家(森元総理もおいでだった。初めてお会いしたが、ラグビーの話をして楽しかった)などが出席し、とても和《なご》やかな会だった。最近はあまり外出しないんだとおっしゃっていた牛尾治朗さんに会えたのが嬉しかった。87歳になったそうだが、笑顔は昔と変わらず、話すと時間が40年ぐらい前に戻ってしまう。

ユーミンが花束をくれてスピーチをした。「(村井さんのプロデュースした)一枚目のアルバム『ひこうき雲』があまりに良くできているので、これを超えるのが大変でしたし、今も大変です。このアルバムはいつも目の上のたんこぶみたいなものです」と言って皆を笑わせた。

僕は皆さんにお礼を述べた後、僕の仕事にインスピレーションを与えてくれたのは川添浩史・梶子ご夫妻、永島達司さん、渡辺晋・美佐ご夫妻だと話した。

そして美佐さんが1970年の大阪万博で音楽プロデューサーを務めた時のエピソードを披露した。美佐さんはサミー・デイヴィスJrやアンディ・ウィリアムスといった超一流の歌手を万博に招いた。マレーネ・ディートリヒもいたのだが、ディートリヒはお気に入りのなんとかいうシャンパンがないと生きていけないし歌うこともできないと言った。ところがそのシャンパンは日本中の酒屋を探しても見つからない。美佐さんは最後に、できたばかりのソニービルにあったパリのマキシム日本店に電話したらそこにあったそうだ。ディートリヒは機嫌良く歌ったらしい。

この話はあまり受けなかった。今はもうなくなってしまったマキシムのことや、高度経済成長したけれど、良いワインやシャンパンなどはまだ一般に広まっていなかった時代のことが僕や美佐さんには懐かしいのだけど、聴衆にはピンとこなかったのだと思う。美佐さんはその頃、ザ・ピーナッツを連れてミュンヘンでカテリーナ・ヴァレンテのテレビショー、NYでエド・

サリヴァン・ショーに出演させている。

滞在中は『てりとりぃ』の懇親会にも出席して楽しかった。席上で『月刊てりとりぃ』は101号をもって終了するという話を濱田編集長から聞いた。毎月「締め切りですよ」と言われて7年以上も書いていたのに。「締め切りですよ」がなければこんなに続かなかった。残り数回は楽しかった思い出をたくさん書こうと考えた。


（2018年4月）

72 ワシントンDCの桜

ワシントンの桜祭りは今年で106回目だそうで、それは東京市からワシントンに初めて桜が贈られた1912年から勘定してのことだ。106年の間には日米戦争があり、中断された時期もあったが、日米両国の人々の熱意によって復活し、今や春のワシントン名物になった。3週間にわたって音楽、アート、舞踊などのイベントが続き、最後はきらびやかなパレードで幕を閉じる。すべてのイベントが無料なので、ワシントン市民にとっても春の楽しみの一つになっている。

3年前から全米桜祭り協会と Ryuji Ueno 財団が、異なった作曲家に主題曲を委嘱するようになり、今年は僕が曲を書くことになった。依頼されたのは昨年の秋で、依頼内容は、編成はピアノクインテット、長さは8分から9分、そのほかはすべて自由だが一部に最低8小節「サクラ、サクラ」のメロディーを使うようにとのことだった。ピアノクインテットなんか書いたことはないのだが、幸いアレンジャーを使ってもよいということだったので、クリスチャン・ジャコブと共同で作業を始めた。

まずは基本構想作り。過去の体験や読んできた本が頭の中を駆け巡る。坂口安吾の桜、京都円山公園の夜桜見物の寒かったこと、Ｔ・Ｓ・エリオットの『荒地』の書き出しの「四月は一年の中で一番残酷な月だ」という一節などだ。桜が満開の時に雪が降ったらきれいだなとも思った。

それで主題は短調で書き、最後に春の明るい光を感じさせる長調で終わる構成を考え、メロディーを書いて「Sakura on the Potomac」と名づけた。クリスチャンに趣旨を説明し、アレンジを託した。仕上がってきたスコアをピアノでポツンポツンと弾いてみると、弦で弾いたら絶対にいい音がすると確信した。ワシントンに飛んで「６８２１クインテット」と2日間リハーサルをして本番に臨んだ。クインテットのメンバーは木嶋《きしま》真優（ファースト・バイオリン、リーダー）、エリック・シルベルガー（セカンド・バイオリン）、メン・ワン（ビオラ）、クランシー・ニューマン（チェロ）、ピアノのマティアス・ピエガリなのだが、マティアスが交通事故で出演ができなくなり、ワシントンＤＣに住むジェーソン・ソルニアスが代役で演奏した。「６８２１」

という数字はワシントンから東京までの距離（マイル）だそうだ。

木嶋さんは2016年に開かれた第一回「上海アイザック・スターン国際バイオリン・コンクール」で優勝した実力者、メンはフィラデルフィア管弦楽団のメンバー、エリックはソリストとして世界を回るバイオリニストで、みな個性的でうまい。僕の曲のなかにはメロディーを4小節ずつチェロ、ビオラ、第2バイオリンのソロ、そして第1バイオリンがリードする合奏の部分があるのだが、それぞれに個性を強調して歌うように弾いてくれと頼んだら、ものすごく情感のこもった演奏になって感動した。

演奏会はエヴァーメイという1801年に作られたジョージタウンの大邸宅のサロン、ワシントンDCのダウンタウンにあるワーナー劇場、最終日はナショナルギャラリーの中にある小劇場で行われた。ナショナルギャラリーでは『カリオストロ伯爵夫人』のピアノトリオ版も演奏したのだが受けていた。

ワーナー劇場では6821クインテットの前に矢野顕子さんが弾き語りをやった。楽屋で久しぶりに再会して嬉しかった。ちゃんと話すのは1980年のYMOのロンドン公演以来だ。

演奏会をすべて見届けてLAに帰り着いた時はホッとした。考えてみれば昨年末の『LA meets TOKYO』のコンサート以来、金沢交響楽団と金沢で公演し、1〜2月は『LA meets TOKYO』のテレビ放送用の音楽ミックスでスタジオにこもり、3月初めには渡辺晋賞授賞式のために東京に行き、ついでに前から主治医に言われていた大腸ポリープのでっかいのを切除手術してLAに戻った。そのわずか数日後のワシントンDC行きだったから、本当に息をつく間もなかった。

幼い頃のモーツァルトの過酷な演奏旅行のこと、ユーミンの昨年の100回公演のことを考えた。音楽家は旅をする。『LA meets TOKYO』の後、ホルへはパリで録音だった。さっきLAのキャピトル・レコードのスタジオで会ってきたのだが、月末はヒューストン、来月はロンドンでロンドン交響楽団と録音するそうだ。クリスチャンはジャック・ジョーンズと英国ツアーを1ヵ月やり、その後もシアトル、NYなどを飛び回っている。

僕は若い頃、ヒット・ソングライターとして毎日寝る時間もなく曲を書き、その後音楽出版社を始め、世界中を旅することになった。結局、LAに住み着いてしまったのだが、今も旅をし続けている。こんな暮らしがいつまで続けていけるのかわからないが、できるところまでやってみるつもりだ。

（2018年5月）

73

アーメットの思い出1

音楽業界のなかで一番の友といえばアーメット・アーティガンだった。仕事の取引は一切なかったから、利害関係のない音楽好きの友人としての付き合いだった。初めて会った1970年から、2006年に彼が亡くなるまで、いつも世界中のどこかで一緒に遊んだものだ。1970年はパイオニアと渡辺プロ、ワーナーが株主になって合弁会社ワーナーパイオニアが設立された年だ。ソニーがCBSソニーを設立した2年後のことだった。その設立記念食事会にはワーナーインターナショナルの社長を務めていたアーメットの兄、ネスヒ・アーティガンが出席する予定だったのだが、急用で出席できず、代わりにワーナーグループのアトランティック・レコード社長を務めるアーメットが来日した。

麻布十番に今もある永坂更科の2階で「すずたきうどん」を一緒に食べたのだが、アーメットはうどんが気に入ったらしく上機嫌だった。アーメットは「今夜ワーナーパイオニアの幹部との食事会があるのだが、クニもおいでよ」と言う。「会社の発足夕食会に部外者がいたらまずいんじゃないのかな。やめとくよ」と言ったら、彼は「問題ないよ、ワーナーサイドのゲストとして呼ぶと先方に言っておくから」ということでその日の夜は代官山の小川軒の個室でパイオニアの人たちとの夕食会に参加した。パイオニアの何代目かの社長の石塚庸三さんが、その頃力を入れていたレーザーディスクを懸命にアーメットに宣伝していたのが印象的だった。

その後の長い付き合いでわかったのだが、アーメットはいわゆる美食家ではなく、ストリートフードが好きな人だった。のちに東京で一晩中ジャズクラブをはしごして歩いて、午前5時頃に空腹になり、六本木のロアビルの隣のマクドナルドで一緒にハンバーガーを買って、路上で食べたのを思い出す。その時、朝まで話し込んでいたのはフィリピン出身のジャズクラリネット奏者レイモンド・コンデだった。しこたまウォッカを飲んだアーメットはレイモンドが昔風のジャズを演奏しているのに感激して、古いジャズの話で盛り上がっていたのだ。ハンバーガー1個では足りないと言って、お代わりをしていたのを見て、なんて胃袋の丈夫な人なんだろうと思った。

人間というのは不思議なもので、一度会うだけで波長が合って仲良くなる人もいれば、何度会っても波長が合わず距離をおいて付き合うことになる人もいる。二度と会いたくないと思う人もいるのだが、何かのきっかけで再会し、結構いい人だなと思い直して付き合いが長く続くこともある。アーメットと僕は直感的に仲良しになった。

東京で会ったすぐ後にロンドンで会うことになり、その時はアーメットの泊まっていたドーチェスターホテルのでっかいスイートで朝ごはんを食べた。その後ショッピングに行くのだが、一緒に来るかというのでついていったら、バークレースクエアにあるロールス・ロイスの店でアンティークの小ぶりな幌付きのロールスを買った。すごいショッピングだなと思った。

アーメットと付き合って面白い話を聞き、面白い人に会えたのはまったく幸運だった。利害関係はないと書いたが、僕は実際ずいぶん得をした。ある夜、NYのウォルドルフ・アストリアホテルの大宴会場で音楽業界の大きなチャリティーイベントがあり、カクテルの会場はＶＩＰのセクションとその他大勢のセクションに分かれていて、極東の小国から来た若い僕はその他大勢のところでもみくちゃにされていたのだが、アーメットが僕を見つけてＶＩＰのセクションに引っ張り込んでくれたことがあった。そのままアーメットの横のＶＩＰ席で食事をした。こういうことは結構影響力があり、その夜から僕はアメリカ音楽業界の重要人物の扱いを受けるようになったと思う。

１９８７年にアトランティック・レコードの40周年記念コンサートがマディソン・スクエア・ガーデンで開かれ、泊まっていたホテルがアーメットの家のすぐ近くだったので迎えにきてくれた。それでまたＶＩＰ席でコンサートを観ることになった。過去にアトランティックに在籍したことのあるほとんどすべての音楽家が次から次へと登場し、一日中続くフェスティバル形式のコンサートだった。なぜか誰が出演したかあまり憶えていないのだが、アーメットの側近でトルコ人のプロデューサー、アリフ・マーディンがプロデュースした「アヴェレージ・ホワイト・バンド」があまりに上手だったのが印象に残っている。

ＶＩＰ席にはヘンリー・キッシンジャーやマイケル・ダグラスのほか、僕の知らない有名そうな人が次から次へとやってきてアーメットに挨拶した。この日はあまり長いのでおしりが痛くなって先に失礼した。

（２０１８年６月）

74
アーメットの思い出2

アーメットと夫人のミカはロンドンかパリにアパートを買おうといつも相談していたのだが、結局パリにアパートを買うことになった。モンテーニュ通りのクリスチャン・ディオール本店の角を曲がって鋭角にセーヌ河畔にいたるフランソワ・プルミエ通りに建つ超一等地のアパートだった。いつものように友人たちをアパートに呼び、暖炉にもたれてウォッカ・トニックを飲みながら、いくつかジョークを飛ばしてからレストランに向かった。サンジェルマン教会の裏手の市場にある気軽なビストロがお気に入りで、よく一緒に行ったものだ。普段から食料品店が並んでいるのだが、毎週何曜日かには本格的な市が立つので車も通らないようなところにあり、アーメットと仲間の10人ぐらいで満員になってしまう狭い店だった。

僕がパリにいるとわかると電話をかけてきて「日本料理が食べたい。どこかに連れていってくれ」と言う。その時は夏だったので一本釣りで釣ったスズキが美味しいと思い、ホテル・ムーリスの裏の日本料理屋で刺身をごちそうしたら喜んでくれた。

あれは湾岸戦争の時だから1991年のことだ。NYに着いてアーメットに電話をすると、今からサウスハンプトンの別荘に行くのだが一緒に来るかというのでついていった。

マンハッタンに住むのは大変だ。騒音がひどく、いつも街がワーンと鳴っている。そこに救急車やパトカーがサイレンを鳴らして走り回るのだからたまらない。年中パーティーがあるから、いちいち付き合っていたら一晩に3つも4つもパーティーを掛け持ちして朝帰りになる。だから裕福な人はコネチカット、ロングアイランド、ハンプトンズなどに別荘を持っていて、週末はマンハッタンから逃げ出す。パリの人が週末に田舎に行くのと同じ原理が働いている。

サウスハンプトンはそのなかでも代表的な海辺の別荘地だ。アーメットがロンドンで買ったアンティークなロールス・ロイスを自ら運転して街や海岸を案内してくれた。なんとかというクラブがあって、そこに入るのにテニスコートを寄付したんだとか言って見せてくれた。途中、トルコ人のやっている絨毯《じゅうたん》や骨董の店に入り、トルコ語で何やら延々と話をしていた。別に何か買おうということではなく、世間話をしていたのだろう。店の主人はトルココーヒーを入れて丁重にもてなしてくれた。

アーメットの家は途方もなく大きな家で、リビングルームの右端と左端に大きな暖炉が付いていた。「大きいな!」といったらミカ夫人が「アーメットは大きいのが好きなのよ」と言った。

書斎で並んでテレビを観た。湾岸戦争の初戦でアメリカが大勝利しているところを放送していた。

その頃までアーメットはたばこを吸っていた。テレビを観ながら火をつけたらミカ夫人が「やめたんじゃないの?」と言う。アーメットは「うん、やめたよ」と言って吸い続けていた。面白い人だなと思った。

夜は『ローリング・ストーン』誌を創刊したヤン・ウェナーやプロデューサーのフィル・スペクターと夕食をした。その後、アーメットはフィルと一緒に昔のヒットソングを歌って上機嫌だった。アーメットはレイ・チャールズが初期に録音した「メス・アラウンド」の作曲者でもあるのだ。翌日、トルコ人の運転手がマンハッタンのホテルまで送ってくれた。

（2018年7月）

75 アーメットの思い出3

アーメットには一度だけ仕事の相談をしたことがある。僕は1985年にアルファレコードの社長をやめたのだが、その時アーメットの兄のネスヒからワーナーに来ないかと誘われていた。

「どう思う?」。アーメットにそう聞いたら、いつになく強い口調で「絶対にやめろ。自分の人生で一番後悔しているのは自分で作ったアトランティック・レコードを売ったことだ。大きな組織の中では思うようにいかないことがたくさんある。セントラルパークの屋台でプレッツエルを売っているほうが自由でよっぽどましだと思うことがあるんだよ」と言った。

そうなのかと思った。アーメットは天衣無縫の自由人だと思っていたのだが、不自由だと思うこともあったのだ。その頃のワーナーの親玉はスティーヴ・ロスという人で、アーメットはロスの言うことを聞かなければならない立場にあったようで、その経験を苦々しく思っていたのだろう。そんなわけで僕はその後も「組織」と言われるような大きなところには所属せず、できる範囲内で好きなことをやり続けている。

僕が音楽出版会社をやめて作曲に専念することにした頃、アーメットも実務から離れて年に二度か三度はLAに遊びにきていた。来るたびに電話があり「ミスター・チャオ」や「ラ・ドルチェ・ヴィータ」のような古いレストランや、僕の家で食事をした。

ある夜はサルサバンドが生演奏しているビバリーヒルズのナイトクラブへ一緒に行った。突然、パンパカパーンとファンファーレが鳴り、司会者が「今夜は当店にプリンス・オブ・トーキョーがご来臨されております。プリンスはサルサダンスの日本チャンピオンであります。ご紹介します、プリンス・オブ・トーキョー」と絶叫する。周りを見回しても日本人は僕しかいない。

アーメットが仕掛けた冗談だなとすぐわかったが、踊らないわけにはいかないのでダンスフロアで一曲踊った。誰が見ても僕の踊りはチャンピオンには見えない。席に帰ってくるとアーメットが腹を抱えて笑い転げていた。

僕も年に一度ぐらいはNYを訪れていたので、そのたびにアーメットのタウンハウスで昼食を共にした。彼は「医者に言われて酒はやめたよ」と言いながら、ワインを飲んでいた。ワインは酒のうちに入らないらしい。

そんな楽しい時がしばらく続いたのだが、ある日訃報が飛び込んできた。アーメットはローリング・ストーンズのコンサートの楽屋にいつものように遊びにいっていたのだが、転んで入院してそのまま亡くなってしまったのだ。

アーメットの協力者でサイアー・レコードの創業者であるシモ・スタインから電話があり、偲ぶ会があるから来いというのでNYに飛んだ。会はリンカーン・センターの一部としてできたジャズ用のコンサートホールで行われた。コロンバスサークルの西側のビルのなかにある。

200人ぐらいの内輪の会だった。いきなりフィル・コリンズが演奏し、ミック・ジャガーやヘンリー・キッシンジャーが思い出話をし、ウィントン・マルサリス、エリック・クラプトン、スティーヴン・スティルスらが演奏した。

4月だったがホールは冷房が効きすぎていて寒かった。あまりにも寒かったのでコンサートが終わるとすぐにホテルに帰った。あとからシモに聞いたのだが、コンサートの後、セントラルパークのタバーン・オン・ザ・グリーンでもっと内輪の会があったそうだ。「クニも来れば良かったのに」と言われたが、行ってもアーメットはいないのだからいいやと思った。

（2018年8月）

あとがき

僕は小学生の頃ジャーナリストになりたかった。引退したら北海道で牧場を経営しながら夜な夜な回顧録を書く、という自分の姿も夢想していた。結局は音楽人生を送ることになったのだが、人生の終わりのほうにさしかかって日記の形で自分の体験を執筆することになり、この本が出版される運びとなった。夢が実現できて嬉しい。

自分の好きな古い音楽、映画、本について書くのは楽しかった。僕は昔話を聞くのが大好きで、20代の頃には45歳も年上の古垣鐵郎さんと年中一緒にいて戦前のことを伺った。古垣さんがリヨン大学でフランス語を習った時の先生は、同時期に周恩来にも教えていたそうだ。古垣さんは1920年に入学し、1923年に卒業してジュネーブの国際連盟に就職している。永井荷風が横浜正金銀行リヨン支店に勤めていた『ふらんす物語』の時代が1907〜08年だから、そのわずか十数年後のことだ。僕は戦前の音楽に興味を持っているので、その時代の話が多くなった。

本書は同人誌『月刊てりとりぃ』に2011年1月から2018年8月まで毎月発表してきた小文を加筆、訂正してまとめたものだ。同誌編集長の濱田髙志さんから毎月のように「そろそろ締め切りですよ」と催促されなければ、こんなに長く書き続けることはできなかっただろう。締め切りは創造の母なのだ。

『月刊てりとりぃ』は超が付くほどのマイナーな同人誌で、発行部数はわずか150部。一般の目には絶対に届かない部数ながら、執筆陣は豪華だった。美術・アート関係者は宇野亞喜良、古川タク、音楽関係は桜井順、山上路夫、伊藤アキラ、本城和治、草野浩二といったベテランの作詞・作曲家、レコード・プロデューサーが名を連ね、若手では漫画の編集者、映画誌の編集者、コラムニスト、古書店のオーナー、アメリカ文化研究家でヒップホップのことなら何でも知っている大学教授など、まさに多士済々《たしせいせい》である。

毎年一回は懇親会が開かれ、近況を報告し合って親交を深めた。音楽家の同人が多いから、たびたび即興で演奏が始まるのだった。桜井順さん、江草啓太さんと僕が3手でピアノを弾いたこともある。

『月刊てりとりぃ』の仲間内で仕事を頼んだり、頼まれたりすることも少なくなかった。僕の場合は宇野さんのお誘いで劇団スタジオライフのための音楽劇『カリオストロ伯爵夫人』を作曲することになった。この音楽は今なお好評で、今年の春にはワシントンDCの桜祭りの際にナショナルギャラリーで演奏された。

連載の後半にさしかかる頃、濱田さんと寄稿者の一人であるリットーミュージックの野口広之編集長が「本にしましょう」と提案してくれて、本書が出版されることになった。

事実関係の確認や写真使用の許諾を得るため、古い友人たちに連絡をとった。「せっかくだからランチでもしよう」ということになったり、何十年ぶりにメールを交換したりして、旧交を温めることができたのは、この本の大きな副産物である。ジェリー・モス、エイブ・ソマー、ジョン・ウィリアムズ、ルー・アドラー、サイーダ・ギャレット、アーウィン・ロビンソン、岩崎洸夫妻といった方々だ。ミシェル・ルグランには日本公演の際に濱田さんが確認してくれた。亡くなったアーメット・アーティガンやトミー・リピューマ、エディ・バークレイ、ジルベール・マルアニ、それにレスター・シルも天国で微笑んでくれているに違いない。

最後に、本書の出版にあたってお世話になった方々に感謝を捧げたい。

吉田俊宏、住田幸彦、宇野亜喜良、佐野裕哉、大河原晶子、松浦大介、ピーター・レヴィットの各氏、村井弥生、ヒロ・ムライ、ヤスコ・ムライ・クィン、ゲリー・クィン。ありがとうございました。

2018年9月7日　ロサンゼルスにて

村井邦彦

索引

村井邦彦（むらい・くにひこ）

1945年生まれ。作曲家・編曲家・プロデューサー。米国ロサンゼルス在住。

1960年代後半、慶應義塾大学在学中より本格的に作曲を始め、森山良子、赤い鳥、タイガース他多くのアーティストに作品を提供する。現在までに数百曲の楽曲と『タンポポ』など30本の映画音楽を作曲。代表作「翼をください」（作詞：山上路夫）は学校教科書に取り上げられ、現在も多くの人に愛唱され、世界中で何百人ものアーティストにカバー曲として録音されている。また、「虹と雪のバラード」（作詞：河邨文一郎）は札幌オリンピックのテーマソングとして大きな話題となった。

一方、プロデューサーとしては1969年、音楽出版社アルファミュージックを設立。1977年にはアルファレコードの創業者、プロデューサーとして荒井由実（現・松任谷由実）や、細野晴臣が在籍したバンド、ティン・パン・アレーを見いだし、イエロー・マジック・オーケストラ（YMO）を世界に送り出し成功に導いた。

現在はアメリカと日本を往復するなか、TVドラマやミュージカル舞台作品を作曲するなど活動の幅をますます広げている。

2015年9月にはアルファミュージックからリリースした伝説的なアーティストを集めた公演を二日間に渡り開催、成功に導く。2017年12月に作曲家活動50周年を迎え、『LA meets TOKYO』と題する記念コンサートを東京で開催した。

村井邦彦のLA日記

著者：村井邦彦

2018年10月22日　第一版第一刷発行
本体2,200円＋税
ISBN978-4-8456-3305-0

発行所｜株式会社リットーミュージック
〒101-0051　東京都千代田区神田神保町一丁目105番地　https://www.rittor-music.co.jp/
発行人｜松本大輔　編集人／編集長／編集｜野口広之
企画・監修｜濱田髙志　協力｜住田幸彦　校閲｜大河原晶子

［乱丁・落丁などのお問い合わせ］
TEL：03-6837-5017／FAX：03-6837-5023　service@rittor-music.co.jp
受付時間／10:00-12:00、13:00-17:30（土日、祝祭日、年末年始の休業日を除く）
［書店様・販売会社様からのご注文受付］
リットーミュージック受注センター…TEL：048-424-2293／FAX：048-424-2299
［本書の内容に関するお問い合わせ先］
info@rittor-music.co.jp
本書の内容に関するご質問は、Eメールのみでお受けしております。お送りいただくメールの件名に「村井邦彦のLA日記」と記載してお送りください。ご質問の内容によりましては、しばらく時間をいただくことがございます。なお、電話やFAX、郵便でのご質問、本書記載内容の範囲を超えるご質問につきましてはお答えできませんので、あらかじめご了承ください。

印刷・製本｜株式会社暁印刷

JASRAC出1810315-801

口絵の写真には撮影者不明のものがあります。お気付きの方はご一報ください。

Maps of 1930's Los Angeles City courtesy of Los Angeles Public Library

Sightseeing Map of
LOS ANGELES AND HOLLYWOOD
This map shows that portion of the City of Los Angeles in which the chief sightseeing points are concentrated. For points of tourist interest in other sections of the City and County, consult the two maps on the reserve side.
SCALE IN MILES
THREE GOLF COURSES OPEN TO THE PUBLIC
TENNIS COURTS
ZOO AND BIRD SANCTUARY
PLAYGROUNDS - SWIMMING POOLS
EXPOSITION PARK
ART GALLERIES HISTORICAL MUSEUMS
NATURAL HISTORY
ANCIENT FOSSIL REMAINS
ROSE GARDENS
AGRICULTURAL AND INDUSTRIAL EXHIBITS
NATIONAL GUARD ARMORY
BOWLING ON THE GREEN
LOS ANGELES MEMORIAL COLISEUM - FOOTBALL TRACK - PUBLIC EVENTS
SWIMMING POOLS
TENNIS COURTS
CHILDRENS PLAYGROUND
OCCIDENTAL COLLEGE
FOREST LAWN
McLAGLEN FIELD
SOUTHWEST MUSEUM
CASA ADOBE
SYCAMORE PARK
SILVER LAKE
POLICE PISTOL RANGE
ELYSIAN PARK
ECHO PARK
BIMINI HOT SPRINGS BEACH AND PLUNGES
OSTRICH AND ALLIGATOR FARM
LINCOLN PARK
COUNTY HOSPITAL
OLVERA ST.
NEW UNION PASSENGER TERMINAL
NEW CHINATOWN
CHINA CITY
WESTLAKE PARK
HOLLENBECK PARK
SHRINE AUDITORIUM
UNIVERSITY OF SOUTHERN CALIFORNIA
WRIGLEY FIELD BASE BALL
Los Angeles River
to Pasadena
to Long Beach & Harbor Cities
Glendale
to Burbank San Fernando
LOS FELIZ BLVD.
FRANKLIN AVE.
HOLLYWOOD BLVD.
SUNSET BLVD.
SANTA MONICA BLVD.
MELROSE AVE.
BEVERLY BLVD.
WILSHIRE BLVD.
OLYMPIC BLVD.
PICO ST.
VENICE BLVD.
WASHINGTON BLVD.
ADAMS BLVD.
JEFFERSON BLVD.
SANTA BARBARA AVE.
VERNON AVE.
VERMONT AVE.
COLORADO BLVD.
YORK BLVD.
NO. BROADWAY
WHITTIER BLVD.
RIVERSIDE DR.
SAN FERNANDO RD.